AF193369

Gamificación en Economía: estrategias para el aprendizaje activo y una educación innovadora

Gamificación en Economía: estrategias para el aprendizaje activo y una educación innovadora

Aitor Martinez-Garcia

Gamificación en Economía: estrategias para el aprendizaje activo y una educación innovadora

Primera edición: 2024

ISBN: 9788410066465
ISBN eBook: 9788410066687
Depósito legal: SE 1564-2024

© de los textos:
    Aitor Martinez-Garcia

© de esta edición:
    Editorial Aula Magna, 2024. McGraw-Hill Interamericana de España S.L.
    editorialaulamagna.com
    info@editorialaulamagna.com

Impreso en España – Printed in Spain

Quedan prohibidos, dentro de los límites establecidos en la ley y bajo los apercibimientos legalmente previstos, la reproducción total o parcial de esta obra por cualquier medio o procedimiento, ya sea electrónico o mecánico, el tratamiento informático, el alquiler o cualquier otra forma de cesión de la obra sin la autorización previa y por escrito de los titulares del copyright. Diríjase a info@editorialaulamagna.com si necesita fotocopiar o escanear algún fragmento de esta obra.

Índice

Resumen

A través de este proyecto se propone una forma diferente de enseñar determinados contenidos de la asignatura de Economía, utilizando como estrategia metodológica la gamificación. El objetivo fundamental del trabajo es profundizar en el estudio de las herramientas de gamificación desde una propuesta de intervención educativa a la asignatura de Economía de 1º de bachillerato y ejemplificarlo con actividades gamificadas relacionadas con los contenidos de «Comercio internacional». La metodología a utilizar se fundamentará, en primer lugar, en analizar las teorías existentes en torno a esta nueva estrategia de aprendizaje, de forma que nos sirva de justificación y, en segundo lugar, proponer actividades basadas en la gamificación para reforzar el aprendizaje de algunos contenidos. Los resultados del trabajo muestran una serie de actividades gamificadas a partir de una serie de herramientas digitales totalmente compatibles con una de las plataformas de aprendizaje más utilizadas en los centros escolares, la suite *Google for education*. Los resultados del trabajo muestran una serie de actividades de gamificación. Las implicaciones del trabajo son, desde el punto de vista teórico, ofrecer una revisión sobre la gamificación y, desde el punto de vista práctico, ofrecer una propuesta que pueda ser aplicada, replicada y evaluada en un contexto real.

Abstract

This project introduces an alternative way of teaching certain aspects of the subject of Economics, using gamification as a methodological strategy. The main objective of the project is to deepen in the study of gamification tools and a proposal for an educational intervention aimed at Baccalaureate students, in order to reinforce the "International Trade" contents. The methodology to be undertaken will be based, firstly, on analysing the existing theories on this new learning strategy, so that it can serve as a justification and, secondly, to propose activities based on gamification to reinforce the learning of the contents. The results of the work show a series of gamified activities based on a series of digital tools fully compatible with one of the most used learning platforms in schools, the Google for education suite. The results of the work shows examples of gamification activities. The implications of the work are, from a theoretical point of view to offer a review on gamification and from a practical point of view to offer a proposal that can be applied and assessed in a real context.

1

Introducción

La adopción de la tecnología desempeña un papel fundamental en el apoyo al aprendizaje y la adquisición de competencias del siglo XXI. El aprendizaje basado en la tecnología que tiene un alcance más amplio que el aprendizaje convencional (Thomas *et al.*, 2011). En este caso, cabe esperar un aumento de la disposición y la independencia en el proceso de enseñanza-aprendizaje, así como un incremento de los aspectos cognitivos en ambas partes. En general, las personas juegan para encontrar entornos divertidos y para reducir los niveles de estrés debidos a las cargas de trabajo o estudio. Sin embargo, todos los procesos que realizan al jugar son básicamente un proceso de aprendizaje (Gee, & Ave, 2005; Satrio *et al.*, 2020).

Los jugadores necesitan entender las reglas del juego, empezando por determinar el personaje, entender el flujo del juego y aumentar el nivel del juego. Esto es coherente con los 16 principios de aprendizaje contenidos en el juego propuestos Gee y Ave (2005), que consisten en interactividad, creación, exploración, personalización, participación, problemas bien ordenados, desafío y oportunidad, a demanda, significados situados, obstrucción placentera, sistema de pensamiento, investigación, reconsideración del logro, herramientas avanzadas y comprensión distribuida, grupos interfuncionales y rendimiento antes de competencia. Los principios educativos propuestos anteriormente engloban las dimensiones cognitivas, psicomotoras y afectivas que requieren los alumnos del siglo XXI.

El motivo principal de diseñar una propuesta de intervención educativa que gira en torno a la asignatura de Economía es, principalmente, por la baja motivación percibida en el alumnado en relación a esta materia.

Esta baja motivación puede venir dada por el hecho de que, a medida que el alumnado va avanzando a lo largo de los diferentes niveles educativos, el grado de motivación intrínseca va en descenso, ya que se ven con una independencia cada vez menor de su proceso de aprendizaje, lo que choca con la evolución de los jóvenes, porque estos requieren cada vez más de una mayor independencia cuando deben tomar decisiones respecto a las elecciones académicas. Este aspecto va acompañado del rendimiento individual como objetivo final, lo que hace que el alumnado ponga todos sus esfuerzos en obtener una nota u otra, motivada, normalmente, de forma extrínseca (Gaviria, S. *et al.*, 1994). Por tanto, los estudiantes se preocupan más por conseguir el aprobado y no tanto por una adquisición adecuada de las competencias y los contenidos. Es por eso que nuestra labor como docentes debe ser encontrar aquellas actividades más valoradas por el alumnado, de modo que nos sirva de herramienta para fomentar y potenciar el interés y la motivación de una asignatura como la de Economía (García, R., & Álvarez, A. 2007), pues esto es una responsabilidad que no debemos atribuir únicamente al alumno, sino que, como docentes, también debemos trabajarlo (Maquilón, S., & Hernández P., 2011).

Por todo ello, se ha decidido llevar a cabo este proyecto, con el objetivo de mejorar la visión que tiene el alumnado de bachillerato en torno a la economía. Para poder alcanzar este objetivo, se ha considerado necesario hacerlo a través del diseño de una propuesta de intervención educativa que contenga estrategias de aprendizaje innovadoras como la gamificación, a fin de que, mediante esta propuesta, se pueda fomentar y potenciar la adquisición de conocimientos. Por otra parte, la complejidad de los contenidos de la asignatura hace que nuestra tarea como docentes sea aún más importante, a la hora de despertar la motivación del alumnado, y así, centrar su atención en la materia.

La elección de una metodología llevada a cabo a través de una estrategia como la gamificación se debe al auge del aprendizaje electrónico en la investigación a nivel mundial (Martinez-Garcia *et al.*, 2023) y a la observación de diferentes asignaturas de Economía en centros donde siguen siendo tratadas desde contenidos y conceptos meramente teóricos, con una metodología ya tradicional y clases magistrales y expositivas.

Los métodos tradicionales de enseñanza se basan en que los profesores son los controladores de la clase en los que enseñan y asumen la responsabilidad total del entorno de aprendizaje. Todos los deberes y poderes están conferidos al docente, y él, siendo el recitador en la clase, desempeña el papel de instructor para los estudiantes y también el que toma la iniciativa para tomar la decisión de qué y cómo enseñar. Algunas características que definen estos métodos tradicionales se pueden resumir en:

- En los métodos tradicionales de enseñanza, los métodos de tiza y conversación son muy utilizados.
- Las aulas reglamentadas son el centro del método tradicional de enseñanza.
- Dado que el método está centrado en el maestro, muestra falta de colaboración y aprendizaje grupal a los estudiantes. Los maestros dan conferencias y los estudiantes aprenden.
- En la enseñanza tradicional, el motivo principal de los docentes es preparar a los estudiantes para los exámenes, más que enseñarles y hacerles entender los conceptos y el programa de estudios. Los estudiantes solo aprenden para aprobar el examen y obtener buenos resultados.
- No existe una alineación adecuada que pueda verse entre objetivos, actividades y evaluaciones.

El siglo XXI exige cambios en la educación tradicional y el antiguo sistema educativo para hacer frente a los tiempos modernos. Los docentes están tratando de aplicar el mejor método de enseñanza para que los estudiantes satisfagan las necesidades de forma significativa. La Ley Orgánica de Modificación de la Ley Orgánica de

Educación (LOMLOE) es una reforma educativa que entró en vigor en 2021, que introduce cambios significativos en el sistema educativo español, abordando aspectos como la equidad, la inclusión, la diversidad, la coeducación, la atención a la diversidad y la modernización del sistema educativo.

Hoy en día, el escenario del aula ha ido cambiando, los estudiantes ya no son tratados como público objetivo, sino que toman una participación activa en el aula y el aprendizaje. Los docentes les permiten hablar y hacer preguntas sobre lo que enseñan. A lo largo de los años, los estilos y métodos de enseñanza han ido cambiando. La forma tradicional de educación en la que se utilizan métodos de memorización y recitación ha sido reemplazada por métodos interactivos.

Por eso la necesidad de exponerlo desde una perspectiva interactiva y lúdica, para conseguir que el alumnado se convierta en personas mínimamente competentes en lo que se refiere al ámbito económico.

2

Objetivos

Antes de empezar a analizar las diferentes teorías existentes en torno al tema en cuestión, es necesario establecer los objetivos que se pretenden alcanzar con este proyecto. Por eso, hemos considerado oportuno dividirlo entre objetivos principales y objetivos específicos.

Objetivos principales:

- Estudiar la gamificación como metodología de enseñanza y su aplicación en la materia de Economía.
- Analizar y cuestionar las propias concepciones sobre diferentes aspectos asociados con la profesión docente.

Objetivos específicos:

- Investigar las teorías existentes en torno a la gamificación como estrategia metodológica de innovación.
- Proponer actividades con metodologías innovadoras basadas en la gamificación aplicables y replicables en la asignatura de Economía para la etapa de bachillerato.
- Contribuir a las propuestas de mejora en la calidad educativa, avanzando en la aplicabilidad de planes educativos innovadores.
- Analizar y recopilar herramientas y elementos de aplicación para la gamificación, especialmente en *Google Classrom* y *Moodle*.

3

Fundamentación teórica

3.1. La innovación educativa y la gamificación

Antes de adentrarnos de lleno en el concepto de gamificación, consideramos necesario reseñar qué significa exactamente la innovación educativa y qué opciones existen hoy para poder aplicarla en el aula. Es cierto que esta innovación, sumada a la experimentación y la creatividad de otras formas de educar, existe desde hace tiempo, pero en la sociedad del siglo XXI se pide con más énfasis el desarrollo de esta competencia desde la práctica docente. La expansión de las TIC, la globalización y la gran cantidad de información han generado una creencia sobre que es el conocimiento hoy en día, convirtiéndolo en un elemento caduco y cambiante. Por otra parte, el significado de la modernidad como verdad absoluta dentro del paradigma educativo ha quedado fragmentado en diversas perspectivas, que dejan paso a la diversidad como reconocimiento de la individualidad y de la diferencia de cada uno (Ruiz-Román, 2009).

La integración progresiva de las Tecnologías de la Información y la Comunicación (TIC) ha tenido un impacto significativo en el ámbito educativo, dando lugar al desarrollo global del *e-learning* o aprendizaje electrónico, una faceta crucial en la tecnología educativa (Alajmi *et al.*, 2020). La irrupción de la pandemia del COVID-19 ha obligado a las instituciones educativas a adaptarse y ofrecer cursos a distancia (Dhawan, 2020; Hoq, 2020). Algunas instituciones han tenido que mejorar sus sistemas existentes, mientras que otras han tenido que implementar nuevos sistemas para proporcionar formación en línea a sus estudiantes, quienes se vieron confinados en sus hogares. El *e-learning*, también conocido como aprendizaje electrónico, hace uso de tecnologías multimedia avanzadas e internet para mejorar la experiencia y la calidad del aprendizaje, ofreciendo a los estudiantes un acceso fácil a recursos y servicios. Además, facilita la colaboración y los intercambios a distancia, lo que permite una interacción más flexible entre los participantes del proceso educativo.

En los últimos años, ha habido un crecimiento notable en la literatura académica y profesional sobre *e-learning* (Martinez-Garcia *et al.*, 2023; Huynh *et al.*, 2020). Se han investigado y discutido diversas temáticas y problemáticas en varios estudios. La investigación en el campo del aprendizaje electrónico abarca múltiples disciplinas, como la educación, la informática, la sociología, la psicología y la administración, destacando así su naturaleza multidisciplinaria (Cheng *et al.*, 2014). Investigadores de diversas áreas se han involucrado en estudios relacionados con el *e-learning*, y tanto los nuevos como los experimentados necesitan tener un conocimiento claro de las tendencias de investigación en este ámbito.

Por ello, es esencial conocer cuáles son las principales revistas que publican en este campo y lideran la investigación, así como los artículos más influyentes que deben ser considerados. Además, es fundamental identificar las palabras clave y a los investigadores de referencia cuyos trabajos son relevantes para seguir de cerca y comprender la evolución del campo a lo largo del tiempo. Por ello, Martinez-Garcia *et al.* (2023) realizaron una investigación y establecieron la estructura conceptual e intelectual de la investigación del aprendizaje electrónico prestado a nuevas áreas temáticas: cursos *online* masivos y abiertos, más conocidos como MOOC's, de la abreviatura *Massive Open Online Course*, (Moreno-Marcos *et al.*, 2018; Onan, 2021), aprendizaje móvil (Grant, 2019; Moorthy *et al.*, 2019; Hamidi, & Chavoshi, 2018), realidad virtual y aumentada (Arici *et al.*, 2019; Allcoat, & von Mühlenen, 2018), herramientas de redes sociales (Coleman, &

O'Connor, 2019), gamificación (Aparicio *et al.*, 2019; Saleem *et al.*, 2021; Hassan *et al.*, 2021; Kyewski, & Krämer, 2018), la minería de datos y el análisis de datos (Burgos *et al.*, 2018; Aldowah *et al.*, 2019), el blockchain (Lam, & Dongol, 2022) y la capacidad y seguridad del servidor (Ünver *et al.*, 2022).

Según Martinez-Garcia *et al.* (2023), en los últimos años, la investigación sobre el *e-learning* se ha visto revolucionada por la implementación forzosa de estrategias y herramientas de aprendizaje a distancia por parte de las instituciones educativas para hacer frente a las consecuencias de la pandemia. Como se ha mencionado, las principales cuestiones abordadas han sido la experiencia de los profesores, alumnos y personal educativo, su percepción, aceptación y satisfacción con los procesos implementados, los efectos sobre su salud mental, la eficacia de los métodos de aprendizaje y las futuras estrategias de los gobiernos e instituciones.

En este sentido, cabe destacar la existencia de múltiples formas de desarrollar la innovación, ya que, según Torres Alfosea (2019), esta no debe quedar relegada a introducir en el aula diferentes aparatos electrónicos a modo «innovador», sino que es definida como la introducción de cambios en el proceso de enseñanza-aprendizaje, para solucionar una deficiencia detectada. En este sentido, Leyva y Farfán (2016, p. 18) apuntan a que la praxis innovadora debe establecerse en el dominio exhaustivo de la realidad formativa al nivel sociocultural, institucional, contextual y personal; es decir, debe integrar las perspectivas macro, meso y microsocial de la educación y sus procesos, en los ámbitos de la gestión, desarrollo y concreción de la actividad educativa en su integridad.

Es cierto que vivimos una época de incertidumbre debido al cambio constante de los acontecimientos, este es un aspecto del que el panorama educativo debe sacar partido, aprovechando la versatilidad del momento. Por eso, aunque existe la posibilidad de que, en un futuro próximo, lo que hoy se entiende como innovación pueda dejar de serlo, expondremos a modo de ejemplo las principales metodologías de innovación educativa:

BlockChain	«Plataformas educativas a partir de las cuales el alumnado gestiona sus datos, decidiendo qué contenidos quieren compartir con los demás, evitando el robo de información o el plagio de ideas» (Educación 3.0, 2021).
Realidad Mixta	Tecnología que proporciona la experimentación a través del aprendizaje inmersivo, donde es posible crear un entorno virtual a partir de una situación real, en la que los estudiantes pueden interaccionar en equipo ambas realidades.
Realidad Aumentada Adaptativa	Aplicaciones dentro de un proceso que permite al alumno realizar y presentar contenidos propios con un nivel de interactividad elevado, personalizados a las características de cada uno, de modo que sean capaces de comprender los contenidos y asociarlos con su entorno (Gesa, 2012).
Inteligencia colectiva	Consiste en una herramienta digital que se crea a partir de los conocimientos entre varias personas con metas en común, cuya aportación se encuentra en los conocimientos individuales de cada sujeto. Tal y como indican Fidalgo-Blanco *et al.* (2017), «la cooperación entre los individuos mediante canales digitales permite compartir conocimientos a través de procesos y actividades múltiples».
Flipped classroom o Aula invertida	Se trata de una metodología cada vez más empleada hoy en día, y consiste en invertir los roles de enseñanza-aprendizaje, donde el docente actúa como guía y es el estudiante quien adquiere el protagonismo y este proceso. El aula es utilizada para la resolución de dudas y para interactuar de forma cooperativa con el resto de compañeros, de forma que se potencie el trabajo en contextos no formales (Hinojo *et al.*, 2019).
Ecosistemas de aprendizaje	Tal y como apuntan García-Peñalvo y Seoane (2015), los ecosistemas de aprendizaje son la construcción de una comunidad, con métodos educativos, políticas, reglamentos, aplicaciones y equipos de trabajo, que pueden coexistir de forma que sus procesos están interrelacionados y su aplicación se basa en los factores físicos del entorno tecnológico.

Learning Analitics	A través de herramientas digitales, puede medirse el aprendizaje de los alumnos, así como recopilar, analizar y desarrollar un informe de datos sobre el progreso del alumnado (Sclater *et al.*, 2016).
Gamificación	Método de enseñanza donde se hace uso de los distintos roles de los videojuegos como recurso para conseguir un aprendizaje significativo.
Mooc`s	Metodología *online* que tiene su base en cursos realizados en la red. Pueden participar tantos participantes como quieran, ya que el número de los mismos es ilimitado, desarrollando así una educación colectiva y abierta.
Aprendizaje de Servicios	El aprendizaje de servicios, tal y como nos indican Puig *et al.* (2011) son actividades que combinan el servicio a la comunidad con el aprendizaje reflexivo de conocimientos, habilidades y valores. Se trata de la integración de dos elementos —servicio en la comunidad y aprendizaje significativo— en un solo proyecto coherente y bien articulado, que potencia la capacidad formativa de ambos.

Todas estas opciones resultan de gran interés para un estudio e investigación sobre innovación educativa, pero en este proyecto trabajaremos una innovación centrada en la metodología basada en la gamificación, debido a su significativo carácter en el aprendizaje de los estudiantes.

Ilustración 1. Cómo iniciarse en la gamificación en la educación

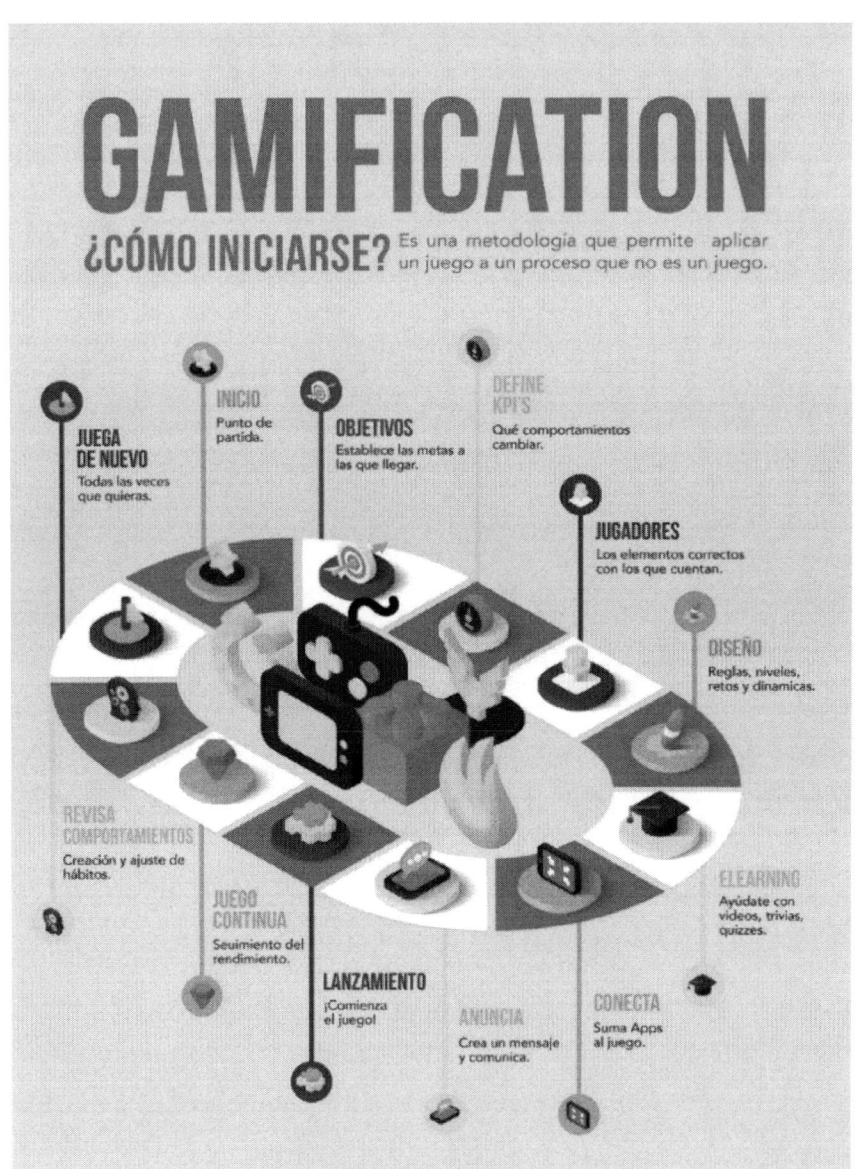

Fuente: Vela (2017).

3.2. Aproximación al concepto de gamificación

La creatividad, la inquietud y la atención son aspectos que se potencian y propician a través del juego. Tal y como apuntan Melo Herrera y Hernández Barbosa (2014), el juego se trata de una actividad inherente al ser humano, vinculada al deseo, al placer y a la diversión. El juego supone una alternativa que nos posibilita como docentes trabajar con técnicas y herramientas consideradas del ámbito informal, pero que, gracias a la innovación educativa y mediante estas, podemos llegar a superar aquellas limitaciones con las que nos encontramos en las metodologías tradicionales. Dentro de las ventajas del juego podemos destacar aspectos como el desarrollo de la creatividad, la tolerancia, el desarrollo de personas más libres y, por tanto, más felices, por lo que la actividad lúdica debe ser un elemento fundamental dentro de las aulas (Bernabéu y Goldstein, 2016).

En este sentido, la gamificación se define habitualmente como su uso en contextos no lúdicos, de elementos y técnicas de diseño de juegos (Werbach y Hunter, 2012). A través de una estrategia de aprendizaje como la gamificación, es posible desarrollar en el alumnado una gran cantidad de beneficios que fomentan la motivación y compromiso con las tareas académicas, pero recurriendo a métodos propios de un videojuego. Sobre la base de un estudio realizado por Ortiz-Colón *et al.* (2018) respecto a las ventajas de esta estrategia metodológica, se muestra cómo las propuestas educativas que aplican la gamificación tienen la capacidad de mejorar el rendimiento del alumnado debido a un aumento en el desarrollo cognitivo, al igual que ayuda a mejorar la gestión social y emocional.

El juego, como estrategia de aprendizaje en el ámbito educativo, pone el enfoque al conseguir un cambio de actitud en los estudiantes mediante aspectos y factores que capten su atención: imágenes, sonidos, *feedback* inmediato, etc. A todo esto, hay que sumar la realidad de hoy en día, donde el alumnado muestra una gran «fascinación por las imágenes, la emoción, la creatividad, la impaciencia, el conocimiento intuitivo y las percepciones múltiples» (Bernabéu y Goldstein, 2016). La gamificación tiene la capacidad de generar una relación que mezcla los contenidos académicos con las características del videojuego.

Asimismo, para configurar el diseño de estos instrumentos a través de una propuesta de innovación educativa, es necesario establecer unos objetivos de aprendizaje como punto de partida. En este sentido, Marne *et al.* (2012) llevaron a cabo una metodología que se centra en seis factores necesarios en lo que respecta al diseño de una propuesta con gamificación. El objetivo de cada una de estas seis facetas es generar un proceso a través del cual cada uno de estos elementos vayan dirigidos a la consecución de los objetivos pedagógicos que se quieran alcanzar con la experiencia de innovación didáctica.

Según Marne *et al.* (2012), las seis facetas necesarias para conseguir los objetivos a través de la gamificación son:

- *Pedagogical objetives:* definen el método de conocimiento, al igual que los contenidos educativos y los objetivos. Por su parte, el papel de cada jugador se establece en un contexto concreto.
- *Domain simulation:* definición de actuaciones buenas y malas de cada jugador en un contexto concreto.
- *Interactions with the simulation:* concreta la forma de implicar a los jugadores para que comporte una interacción con el simulador.
- *Problems and progression:* se exponen los problemas y/o retos que deben resolver los participantes, así como el proceso mediante el cual deben llevarse a cabo.
- *Decorum:* factores y aspectos encargados de configurar el elemento multimedia, para motivar a todos los participantes.
- *Conditions of use:* es el paso en el que se describen aquellos elementos instructivos del «juego», como con quien juega cada participante, cuándo se desarrollará el juego, dónde, cómo se llevará a cabo, etc.

Ilustración 2. Seis facetas necesarias para conseguir los
objetivos a través de la gamificación.

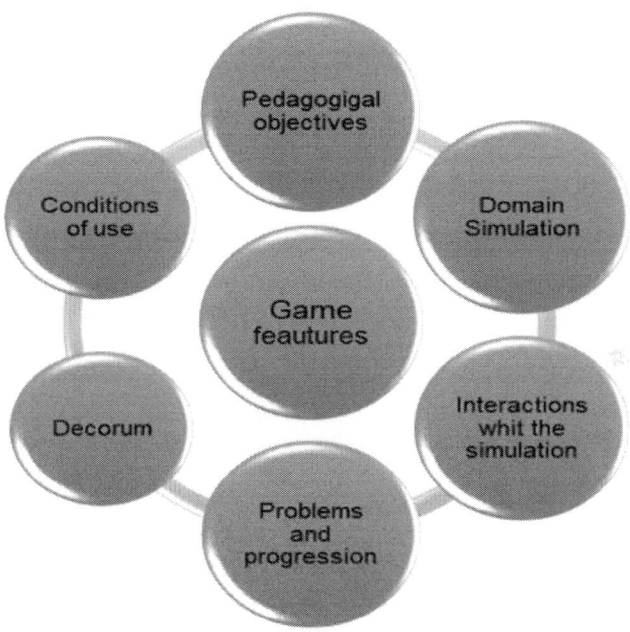

Fuente: Marne *et al.* (2012).

De esta forma, atendiendo a todos los criterios mencionados hasta
ahora, se puede definir la gamificación como una técnica, un método
y una estrategia de aprendizaje a la vez, que tiene como finalidad la
creación de un ambiente lúdico que permita generar experiencias enri-
quecedoras, con el objetivo de potenciar entre el alumnado una mayor
implicación en su proceso de aprendizaje (Marín e Hierro, 2013).

Otros autores como van Grove (2011); Werbach y Hunter (2012)
definen la gamificación cómo cambiar algo que no es un juego mediante un juego o sus elementos. La gamificación puede ser un medio
para implicar a las personas en las tareas (Reeves, & Read, 2009),
promover la colaboración (McGonigal, 2011), o mejorar la motivación (Zichermann y Linder, 2013). Deterding, Dixon, Khaled y Nacke

(2011) sugirieron definir la «gamificación» como el uso de elementos de diseño de juegos en contextos no de juego. Algunos de estos elementos pueden ser tablas de clasificación, sistemas de puntos, distintos niveles y premios de distintivos. La intención de la gamificación es hacerlo más atractivo permitiendo a los usuarios divertirse sin perder su objetivo principal: aprender a través de mejorar significativamente la implicación de los alumnos.

3.2.1. Beneficios y contradicciones del uso de la gamificación como estrategia de aprendizaje

Para aclarar si la gamificación se trata de una metodología eficaz para nuestro programa educativo, hemos considerado oportuno hacer un listado con las ventajas y desventajas que este método nos ofrece, para así poder tomar la decisión correcta (Baquía, 2013):

Ventajas:

- **Alfabetización tecnológica.** A través de la gamificación y el juego se fomenta y potencia la alfabetización en todos los niveles, desde el ámbito tecnológico hasta el socioemocional. En este sentido, cabe destacar que no solo se desarrollan las habilidades para manejar un ordenador o cualquier otro dispositivo electrónico, sino que se llega a formar, incluso, a los estudiantes en aspectos relacionados con la instalación y el mantenimiento necesarios para llevar a cabo el juego.

- **Multitarea.** La sociedad de hoy trabaja en múltiples cosas a la vez, y lo mismo sucede con los dispositivos. A través de la gamificación, se potencia la capacidad de poder atender a varios dispositivos y/o aspectos a la vez, ya que los jugadores se ven en la obligación de atender diferentes focos simultáneamente.

- **Trabajo en equipo.** Actualmente, muchos de los juegos que están a la orden del día requieren una red social que facilita el juego en equipo y la colaboración, exigiendo además la aplicación de ambas cosas para que el juego se desarrolle con éxito.

- **Planificación a largo plazo.** A través de la gamificación, se favorece la capacidad de concentración durante largos períodos de tiempo, ya que se establecen metas y objetivos para cumplir los que se pueden alargar en el tiempo para poder conseguirlos con éxito.
- **Enseñanza personalizada.** Gracias a un método como la gamificación, cada estudiante es capaz de llevar a su propio ritmo el proceso de enseñanza-aprendizaje, de modo que pueda aprender por sí mismo, convirtiendo así la enseñanza individualizada en un aspecto esencial de la gamificación.

Desventajas:
- **Coste.** El coste que comporta integrar juegos interactivos y electrónicos en el aula es elevado y es necesaria una gran renovación de todo el material y las herramientas. A todo esto, hay que sumarle el coste del programa y el de la formación a la docencia.
- **Despiste de otros objetivos.** No debe desatenderse la idea de que este tipo de metodología podría comportar distracciones del objetivo principal, alejando a los estudiantes del aprendizaje de las habilidades y competencias correspondientes.
- **Aislamiento social.** Este era uno de los miedos a la hora de hablar de videojuegos como estrategia de aprendizaje, ya que se asocian con individuos aislados, jugando paralelamente y no en conjunto. Si bien es cierto que muchos de los juegos hoy en día se siguen jugando en paralelo, la gamificación en el aula ofrece una perspectiva colaborativa desde el ámbito del juego, por lo que esta desventaja va perdiendo fuerza cada vez más.

3.2.2. El uso de la gamificación en el ámbito educativo a lo largo del tiempo

En la actualidad, nos encontramos ante la expansión en lo que se refiere al uso de nuevas tecnologías y a la innovación educativa, para mejorar la experiencia en el proceso de enseñanza-aprendizaje (Alejaldre-Biel y García-Jiménez 2015). En este contexto, cabe reseñar las palabras de Prensky, en las que afirma que, aunque el potencial de los videojuegos en su aplicación a la educación fue puesto de manifiesto hace más de una década, es en los últimos años cuando estamos asistiendo a un verdadero interés por el uso de los videojuegos en contextos educativos (Martí *et al.*, 2013, p. 96).

Cabe destacar que el origen del concepto de gamificación procede del ámbito de los negocios, si bien es cierto que ha evolucionado hacia otros sectores (Alejaldre-Biel, & García-Jiménez, 2015). Fue con el profesor Malone, de hecho, con quien la gamificación dio un salto al sector educativo, ya que llevó a cabo un estudio sobre la motivación que suponen los juegos a través de la red, haciendo uso de los términos de la gamificación en el proceso de enseñanza-aprendizaje. Otros nombres destacados en el uso docente de la gamificación en los últimos años son el de James Paul Gee, que quiso enseñar la posibilidad de aplicar los videojuegos en el aula; y Peter Smith y Ben Sawyer, responsables de diseñar la famosa taxonomía de juegos serios (Vergara y Mezquita, 2016).

Sin embargo, fue con Nick Pelling en 2002, un informático británico, además de inventor, con quien se puede empezar a hablar del concepto de gamificación de la forma en que hoy lo entendemos. Pelling empezó a transmitir este concepto como «la cultura del juego», es decir, un tipo de revolución por parte de la sociedad, que hacía uso del juego para obtener unos objetivos educativos concretos (Vergara y Mezquita, 2016).

La gamificación puede ser útil para la enseñanza-aprendizaje porque puede promover la participación del alumnado. El hecho de que muchos educadores se enfrentan a problemas relacionados con el interés y la implicación de los estudiantes en sus aulas no es nuevo en la educación. De hecho, los docentes se enfrentan a situaciones en las que se han intentado utilizar variedad de intervenciones, incluido el uso de estrategias de motivación. Sin embargo, el efecto de la intervención dura solo un corto período de tiempo. Debido a su carácter divertido y lúdico, la gamificación puede ser una buena solución para ayudar a resolver los problemas de participación e implicación de los alumnos en el aula.

Otra forma de ver la gamificación y relacionarla con la educación es definirla como aquel conjunto de actividades y procesos que se utilizan para resolver problemas relacionados con el aprendizaje y la educación utilizando o aplicando la mecánica de los juegos (Kim, Song, Lockee y Burton, 2018).

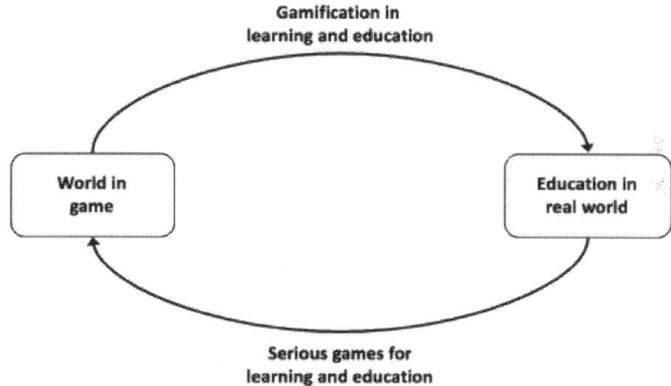

Fuente: Kim, Song, Lockee y Burton (2018).

Actualmente, la gamificación está cada vez más consolidada en la docencia, inicia un proceso de maduración y se está hablando de la adaptación de la gamificación en formatos móvil y tecnologías de vanguardia (Vergara y Mezquita, 2016).

3.2.3. Gamificación y juegos serios

Los juegos serios y la gamificación son dos estrategias de aprendizaje electrónico (y palabras de moda actuales) que pueden causar fácilmente cierta confusión. Son similares y tienen usos similares, pero también son claramente distintos. Los juegos serios son juegos que han sido diseñados para un propósito principal que no es puro entretenimiento. Por otra parte, la gamificación es la aplicación de elementos típicos de los juegos en otras áreas de actividad, como *marketing* o capacitación, para aumentar el compromiso y la efectividad.

Ofrecen beneficios similares hacia los estudiantes, como gozar y la retención del conocimiento, y ambos ayudan a inspirar y motivar a los alumnos a participar y alcanzar un mayor potencial. Pero existen diferencias clave entre estas estrategias que cualquier persona que las implemente en su estrategia debe comprender.

La gamificación toma mecánicas de juego como tablas de clasificación, sistemas de puntos, insignias y subidas de nivel para aprovechar el impulso humano natural por la competencia y el éxito. Los elementos similares a los de los juegos ayudan a incentivar al alumnado a participar activamente, lo que aumenta el compromiso. Para implementar la gamificación correctamente, primero debe comprenderse la realidad de los estudiantes y lo que la impulsa, y combinar estas fuerzas impulsoras con la mecánica de juego correcta que las activará.

Los juegos serios no necesitan gamificación ya que siguen la estructura típica del juego, pero también están diseñados para involucrar a algún tipo de valor de entrenamiento además del entretenimiento puro. Los juegos serios son ideales para el refuerzo positivo y el aprendizaje justo a tiempo, además, es necesario considerar las adiciones que pueden repercutir a una estrategia de aprendizaje electrónico y no un contenido de capacitación independiente.

Por otra parte, señalar que en cuanto a la denominación *serious game* (juegos serios), deben delimitarse una serie de patrones que faciliten la posibilidad de confeccionar juegos que puedan considerarse adecuados y óptimos desde una perspectiva pedagógica y didáctica. En este sentido, existen determinados aspectos que se exigen a la hora de desarrollar un videojuego de carácter didáctico, ya que se requiere que estos confeccionen la estructura del producto final (Marne *et al.*, 2012).

La diferencia clave entre ambos es que la gamificación toma mecánicas similares a las de los juegos y las integra en los programas de aprendizaje electrónico (Martinez-Garcia *et al.*, 2023) tradicionales para aumentar la participación y el compromiso, mientras que los juegos serios son juegos completos, con estructuras de juego típicas, que también ofrecen algún tipo de valor educativo y no simplemente entretenimiento.

4

La gamificación en la Economía

Tal y como se ha expuesto a lo largo del presente trabajo, también se lleva a cabo el diseño de una propuesta de intervención educativa, que consiste en la puesta en marcha de un proyecto en el que el alumnado pondrá en práctica los conocimientos adquiridos a lo largo de las distintas actividades diseñadas para la intervención.

Este proyecto se fundamenta en las orientaciones metodológicas presentadas en el Decreto 35/2015 para el currículo del bachillerato en las Islas Baleares. No obstante, es importante señalar que, si bien se toma como referencia el marco curricular de Baleares, las estrategias y enfoques pedagógicos propuestos son susceptibles de ser adaptados y aplicados a otras comunidades autónomas. Este análisis se enfoca en explorar diversas fuentes de orientación metodológica, utilizando el currículo de Baleares como punto de partida, con el objetivo de proporcionar una visión general y adaptable para los docentes interesados en mejorar su práctica docente en el nivel de bachillerato.

4.1. Aplicaciones, herramientas y elementos de gamificación

La propuesta se diseñará a través de la gamificación como método de enseñanza-aprendizaje, por lo que estas actividades irán en consonancia con los principios metodológicos que marque este modelo de enseñanza, además de los que nos proponga la legislación en lo que se refiere a la materia de Economía de primero de bachillerato se refiere.

Por eso, tendremos en cuenta las diferentes plataformas digitales a través de las cuales es posible trabajar los contenidos mediante la gamificación, como son las siguientes:

Elementos para la gamifiación en Moodle, con los componentes que esta herramienta ofrece. Los siguientes elementos se pueden utilizar como se explica a continuación:

- **Insignias.** Darlas cuando se completa una determinada tarea, una lista de tareas determinada, cuando se ha aprobado uno de los apartados de la asignatura, y cuando todo el curso se completa.
- **Puntos.** Para cada labor realizada, se recompensa con una cantidad de puntos. Esta cantidad de puntos depende de la dificultad y el tiempo estimado para completarla. A medida que avanza el curso, los puntos adjudicados por las tareas aumentan.
- **Niveles.** Se crean diferentes niveles, el alumnado comienza en el nivel 1 y después de conseguir un cierto número de puntos pasa al siguiente nivel. La diferencia de puntos por subir de nivel será mayor a medida que se va subiendo de nivel.
- **Tablero de clasificación.** Muestra los puntos de todos los alumnos, el nivel, la imagen de perfil, el nombre y la barra de progreso del nivel actual. En este apartado se pueden consultar los resultados a diario, de forma semanal, rango mensual o total.
- **Contenido bloqueado.** Para desbloquear el acceso a determinadas tareas, es imprescindible haber completado una o más tareas previas según la configuración predeterminada por el docente.
- **Plazo temporal.** Se establecen fechas concretas para finalizar los trabajos del curso, después de la fecha de caducidad, el acceso a la tarea se cierra.
- **Feedback.** Al finalizar las tareas, los alumnos reciben un mensaje con las valoraciones y comentarios del docente.

- **Barra de progreso.** Los estudiantes pueden ver la barra de progreso de su nivel actual y la puntuación tienen, además de mostrar el porcentaje realizado en el conjunto del curso.
- Aplicaciones y herramientas de gamificación para **Google Classroom:**
- **Classcraft.** Es un sistema de gestión de la participación que se conecta a Classroom. Convierte el progreso de los estudiantes en un juego con niveles y recompensas que los profesores pueden elegir o personalizar. Los profesores pueden también convertir las lecciones existentes en aventuras personalizadas para los estudiantes. Classcraft permite a los profesores integrar PBIS (las iniciales de *Positive Behavioral Interventions And Support,* en inglés, una herramienta para fomentar el comportamiento positivo en los centros) en sus aulas sin esfuerzo adicional. El plan básico es gratuito y permite la gestión del aula gamificada, personajes personalizables y funciones para sus padres.
- **BookWidget.** Ofrece más de 40 plantillas gratuitas para que los profesores creen lecciones interactivas para los estudiantes. Hay plantillas disponibles para juegos, pruebas o reseñas, productividad y mucho más. Con el conector BookWidgets para Chrome, también se puede producir su integración en Classroom.
- **Quizziz.** Permite a los docentes utilizar cuestionarios hechos previamente o crear sus propios. El modo en directo se puede utilizar en clase y el modo deberes lo pueden utilizar los estudiantes de forma independiente desde cualquier dispositivo. Los estudiantes también pueden jugar en solitario con otros usuarios de todo el mundo. Realiza un seguimiento del progreso de los estudiantes para que los profesores puedan utilizar los resultados para determinar las intervenciones y necesidades de corrección. Los cuestionarios pueden compartirse en Classroom iniciando un juego en directo o de deberes.
- **Kahoot.** Otra herramienta gratuita de aprendizaje basada en juegos para Google Classroom es Kahoot. Kahoot nos permite crear preguntas de opción múltiple que se transformen en un

juego divertido e interactivo para los estudiantes. Los estudiantes pueden utilizar cualquier dispositivo para responder a las preguntas. Kahoot se puede jugar en clase como grupo o los profesores pueden asignar un Kahoot como tarea. Existe una extensión de Kahoot para Chrome y los retos de Kahoot se pueden compartir mediante Google Classroom.

- **Socrative.** Incluye muchas actividades gratuitas, evaluaciones formativas y carrera espacial, que es un juego de evaluación interactivo. Los estudiantes reciben una recompensa por su rendimiento en los retos y los docentes pueden analizar sus resultados. Socrative ofrece una aplicación para Chrome y tiene una opción de inicio de sesión en Google. Las actividades se pueden enviar a los estudiantes con la extensión Share to Classroom para Google Chrome.

- **FlipQuiz.** Esta es una herramienta de preguntas y respuestas que se puede utilizar como juego interactivo. Consiste en un conjunto de paneles con diferentes puntuaciones que se despliegan con preguntas y respuestas asignando diferentes puntuaciones a cada pregunta y estableciendo distintas categorías. Además de crear tableros, también se puede jugar con los tableros elaborados por los usuarios. Los juegos se pueden compartir en Google Classroom mediante la extensión Share to Classroom para Google Chrome.

- **Typing Scout.** Es una plataforma gratuita para que los estudiantes aprendan habilidades de teclado mediante juegos. El contenido se puede enviar a Google Classroom mediante la extensión Share to Classroom.

- **Mentimeter.** Es un sistema sencillo de creación de encuestas, permite a los usuarios la creación de las mismas en muy pocos minutos, de forma gratuita y sin necesidad de registros. Solo hay que añadir la pregunta de nuestra encuesta para que posteriormente añadamos las opciones que pueden votar los usuarios. Encontramos distintos temas visuales y ofrece un enlace y un código que facilita la votación.

- **Prodigy Math.** Prodigy Math es un juego de matemáticas gratuito para estudiantes y profesor que se puede adaptar a necesidades específicas. Incluye prueba de diagnóstico, evaluaciones integradas e instrucción diferenciada. Prodigy Math está integrado con Google Classroom y también existe una aplicación para Chrome.
- **Breakout EDU.** Permite a los profesores y estudiantes crear y compartir juegos digitales alineados con contenido que pueden integrarse en Classroom. Mediante una estrategia de *escape room*, los alumnos utilizan la colaboración y el pensamiento crítico para alcanzar los objetivos marcados por el profesor.
- **BrainPOP.** Es un sitio de aprendizaje interactivo donde los estudiantes pueden utilizar juegos y animaciones para ayudar a la comprensión del contenido. Los suscriptores de la escuela y del distrito tienen acceso a la integración de Google Classroom.

4.2. Objetivos, competencias, contenidos, criterios de evaluación y estándares de aprendizaje

En primer lugar, haremos referencia a la finalidad de la asignatura de Economía, tal y como se refleja en el Decreto 35/2015, de 15 de mayo, por el que se establece el currículo del bachillerato en las Islas Baleares (2015), donde se indica que:

El conocimiento de la economía es esencial para entender el mundo en el que vivimos. La economía está presente en todos los aspectos de nuestra vida, desde las decisiones que tomamos como individuos o familias hasta las estructuras de las empresas y los estados. Por este motivo, es necesario que cualquier ciudadano conozca la pluralidad de marcos teóricos que intentan dar respuesta a los acontecimientos económicos, así como el lenguaje específico utilizado por los economistas y por los medios de comunicación para analizar estos hechos (p. 67).

La relevancia ascendente en cuanto a cuestiones económicas se refiere a nivel social, genera la necesidad de una formación específica que ofrezca al alumnado los conceptos y contenidos necesarios para entender la economía como factor clave y básico en la sociedad actual, así como de su propio entorno, las Islas Baleares.

Tratar las cuestiones económicas actuales es hablar del impacto que conllevan las elecciones y acciones de cada individuo sobre la sociedad. Por tanto:

> el estudio de la economía nos proporciona unos conocimientos más precisos, amplios y detallados de la sociedad actual; facilita la comprensión de conceptos como la inflación, el paro, la pobreza, la distribución de la renta, el agotamiento de los recursos naturales, el crecimiento, la educación...; potencia las habilidades y destrezas de razonamiento, abstracción e interrelación, y proporciona herramientas para examinar de forma crítica la sociedad en la que vivimos. Además contribuye a desarrollar la curiosidad intelectual, la capacidad analítica, el rigor y la amplitud de perspectivas al hacer frente al estudio y la investigación de diversos temas, aporta un conocimiento matemático y estadístico, así como la habilidad de explicar y transmitir, de forma oral y escrita, ideas y conclusiones con argumentos y evidencias empíricas, y proporciona un sentido sólido de la ética y el respeto por el ser humano y una intensa capacidad de trabajo, tanto individual como en equipo (Decreto 35/2015, de 15 de mayo, por el que se establece el currículo del bachillerato en las Illes Balears, 2015).

El hecho de que se incluya una disciplina como la Economía en el currículo básico de bachillerato en la rama de humanidades y ciencias sociales, tiene su explicación en la gran relevancia a nivel social de la economía actualmente, ya que el conocimiento de la misma ayuda a potenciar la mejora en la calidad de vida, el bienestar social y el progreso (Decreto 35/2015, de 15 de mayo, por el que se establece el currículo del bachillerato en las Islas Baleares, 2015).

A continuación, expondremos una breve definición de aquellas competencias clave que trabajaremos en nuestra propuesta, así como los objetivos generales de etapa, los cuales debemos tener en cuenta de cara a su vinculación respectiva con este trabajo.

Tal y como nos indica la Orden ECD/65/2015, de 21 de enero, por la que se describen las relaciones entre las competencias, los contenidos y los criterios de evaluación de la educación primaria, la educación secundaria obligatoria y el bachillerato (2015), las competencias que trabajaremos en nuestra propuesta son las siguientes:

- **Competencia en comunicación lingüística.** Esta competencia se define como «el resultado de la acción comunicativa dentro de prácticas sociales determinadas, en las que el individuo actúa con otros interlocutores y mediante textos en múltiples modalidades, formatos y soportes».

- **Competencia digital.** La Orden ECD/65/2015 describe la competencia digital como

  aquella que implica el uso creativo, crítico y seguro de las tecnologías de la información y la comunicación para alcanzar los objetivos relacionados con el trabajo, la empleabilidad, el aprendizaje, el uso del tiempo libre, la inclusión y participación en la sociedad.

- **Competencia para aprender a aprender.** En cuanto a esta competencia, esta se caracteriza por

  la habilidad para iniciar, organizar y persistir en el aprendizaje. Esto exige la capacidad para motivarse por aprender. Esta motivación depende de que se genere la curiosidad y la necesidad de aprender, que el estudiante se sienta protagonista del proceso y del resultado de su aprendizaje y, finalmente, que llegue a alcanzar las metas de aprendizaje propuestas y, así, produzca una percepción de autoeficacia. Todo esto contribuye a motivarlo para abordar futuras tareas de aprendizaje.

- **Competencias sociales y cívicas.** Con esta competencia el alumnado adquirirá

  la habilidad y capacidad para utilizar los conocimientos y actitudes sobre la sociedad, entendida desde las diferentes perspectivas, en su concepción dinámica, cambiante y compleja, para interpretar fenómenos y problemas sociales en contextos cada vez más diversificados, para elaborar respuestas, tomar decisiones y resolver conflictos, así como para interactuar con otras personas y grupos de acuerdo a normas basadas en el respeto mutuo y en convicciones democráticas. Además de incluir acciones a un nivel más cercano y mediado al individuo como parte de una implicación cívica y social.

Por otra parte, debemos atender a los objetivos generales de bachillerato, establecidos en el Decreto 35/2015, de 15 de mayo, por el que se establece la ordenación de las enseñanzas del bachillerato (2015):

a. Ejercer la ciudadanía democrática, desde una perspectiva global, y adquirir una conciencia cívica responsable, inspirada por los valores de la Constitución española y por los derechos humanos, que fomente la corresponsabilidad en la construcción de una sociedad justa y equitativa.

b. Consolidar una madurez personal y social que les permita actuar de forma responsable y autónoma y desarrollar su espíritu crítico.

c. Prever y resolver pacíficamente los conflictos personales, familiares y sociales.

d. Fomentar la igualdad efectiva de derechos y oportunidades entre hombres y mujeres, analizar y valorar críticamente las desigualdades y discriminaciones existentes, y en particular la violencia contra la mujer, e impulsar la igualdad real y la no discriminación de las personas por cualquier condición o circunstancia personal o social, con especial atención a las personas con discapacidad.

e. Afianzar los hábitos de lectura, estudio y disciplina, como condiciones necesarias para aprovechar eficazmente el aprendizaje y como medio de desarrollo personal.

f. Dominar, tanto en la expresión oral como en la escrita, la lengua catalana y la lengua castellana.

g. Expresarse con fluidez y corrección en una o más lenguas extranjeras.

h. Emplear con solvencia y responsabilidad las tecnologías de la información y la comunicación. Valorar la necesidad de hacer un uso seguro y responsable de las tecnologías digitales, cuidando de gestionar la propia identidad digital y respetando la de los demás.

i. Conocer y valorar críticamente las realidades del mundo contemporáneo, sus antecedentes históricos y los principales factores de su evolución.

j. Participar de forma solidaria en el desarrollo y mejora del entorno social.

k. Conocer, valorar críticamente y respetar la cultura, la historia y el patrimonio artístico y cultural, especialmente los correspondientes a las Illes Balears, y reforzar el sentimiento de pertenencia al ámbito cultural y lingüístico catalán.

l. Acceder a los conocimientos científicos y tecnológicos fundamentales y dominar las habilidades básicas propias de la modalidad elegida.

m. Comprender los elementos y procedimientos fundamentales de la investigación y de los métodos científicos. Conocer y valorar de forma crítica la contribución de la ciencia y la tecnología en el cambio de las condiciones de vida, así como consolidar la sensibilidad y el respeto hacia el medio ambiente.

n. Consolidar el espíritu emprendedor con actitudes de creatividad, flexibilidad, iniciativa, trabajo en equipo, confianza en uno mismo y sentido crítico.

o. Desarrollar la sensibilidad artística y literaria y el criterio estético como fuentes de formación y enriquecimiento cultural.

p. Utilizar la educación física y el deporte para favorecer el desarrollo personal y social.

q. Consolidar actitudes de respeto y prevención en el ámbito de la seguridad vial.

4.3. Metodología

Tal y como nos indica el Real decreto 1105/2014, de 26 de diciembre, por el que se establece el currículo básico de la Educación Secundaria Obligatoria y del Bachillerato (2014), podemos definir la metodología como «el conjunto de estrategias, procedimientos y acciones organizadas y planificadas por el profesorado, de forma consciente y reflexiva, con el fin de posibilitar el aprendizaje del alumnado y la consecución de los objetivos planteados» (p. 4).

Por tanto, debemos atender este aspecto de forma que seamos capaces de desarrollar nuestra propia metodología, sin perder de vista la consecución de los objetivos y las competencias que debemos llevar a cabo en nuestro proceso de enseñanza-aprendizaje, por tal que nuestro alumnado adquiera ambos. Para ello, debemos tener en cuenta, ante todo, el grupo de alumnos a los que nos dirigiremos. Como ya hemos mencionado anteriormente, se trata de un alumnado de bachillerato, mixto, con diversidad cultural y que ha demostrado una gran eficacia a la hora de trabajar en equipo, aunque también se ha detectado un déficit de atención y unas habilidades sociales menores a raíz de las diferentes medidas que se han ido adoptando como consecuencia de la COVID-19. Todos estos aspectos son de gran relevancia a la hora de moldear y seleccionar la mejor metodología posible para un grupo de alumnos como nos encontramos.

En este sentido, la metodología que llevaremos a cabo debe tener, en primer lugar, coherencia en cuanto a las competencias a aplicar. Por eso, nos basaremos en un método de aprendizaje activo, donde los alumnos sean los protagonistas y partícipes de su propio proceso de aprendizaje y, no solo eso, sino que sean conscientes de ello. De esta forma, desarrollaremos en nuestros alumnos una motivación y curiosidad por aprender que es fundamental a la hora de adquirir las competencias clave.

Para potenciar una metodología activa, pondremos en práctica actividades y trabajos en los que tengan que cooperar entre ellos, a través de la gamificación.

4.3.1. Orientaciones metodológicas

Siguiendo las orientaciones metodológicas que nos expone el Decreto 35/2015, de 15 de mayo, por el que se establece el currículo del bachillerato en las Islas Baleares (2015), la metodología a tener en cuenta a la hora de impartir esta materia, «debe tener presente los problemas económicos actuales, y debe hacer referencias constantes a la realidad de las Islas Baleares, sin olvidarnos de darle el enfoque interdisciplinario que ponga la economía dentro de un contexto sociológico, político e histórico».

El Decreto 35/2015 nos aconseja utilizar una amplia diversidad de estrategias didácticas, combinando las que comporten exposición de contenido, junto con las de indagación. El nivel de ayuda pedagógica por parte de docente dependerá de los conocimientos previos que tengan adquiridos los estudiantes, así como del tipo de contenido que impartiremos.

En cuanto a las estrategias expositivas, estas resultan muy útiles, ya que promueven el aprendizaje significativo. Además, consisten en presentar los contenidos estudiados aplicando la claridad y la coherencia a la exposición de los mismos, de forma que logren conectarlos con los conocimientos previos de los estudiantes. Este tipo de estrategias son las más adecuadas de cara a la fase introductoria de la materia, a fin de proporcionar al alumnado una visión integral. Cabe reseñar la utilidad de los esquemas y mapas conceptuales para los docentes de cara a realizar las actividades expositivas.

En cuanto a las estrategias de indagación, la función que estas cumplen es esencial en orden a la adquisición de actitudes y procedimientos,

> ya que plantean al alumno situaciones que lo estimulen a la reflexión ya poner en juego sus ideas, conceptos y formas de explicar los hechos económicos. Mediante estas estrategias, los alumnos, por un lado, pueden aproximarse a situaciones reales nuevas y/o problemáticas que les permitirán aplicar conocimientos ya adquiridos para la realización de nuevos aprendizajes y, por otro, tienen la oportunidad

de ofrecer respuestas creativas a la solución de problemas (Decreto 35/2015, de 15 de mayo, por el que se establece el currículo del bachillerato en las Islas Baleares, 2015).

Todo esto fomenta la autonomía en el trabajo de los estudiantes, así como en la creación de un ambiente óptimo para el proceso de enseñanza-aprendizaje. Las actividades de enseñanza y aprendizaje que se lleven a cabo con los alumnos deben ser «previamente planificadas y secuenciadas, se adaptarán al tipo de contenido que se quiere enseñar y serán lo más diversas posible para que resulten más motivadoras». El Decreto 35/2015 aporta una serie de actividades de enseñanza-aprendizaje, entre las que destacan las siguientes:

> los trabajos monográficos, las entrevistas y encuestas, el análisis de situaciones y la resolución de problemas, la lectura crítica y la razonada de textos de naturaleza económica, el aprendizaje cooperativo, la argumentación y la preparación y participación en debates, utilización de programas de simulación por ordenador , juegos de rol donde los estudiantes pueden situarse ante un problema determinado con una perspectiva y un punto de vista distinto al que les es habitual, las visitas a empresas e instituciones de interés económico y social , elaboración de un diccionario de términos económicos...

De esta forma, la metodología más óptima deberá ser abierta y flexible; con abierta nos referimos a la posibilidad de realizar cambios en la programación a lo largo del proceso de puesta en marcha de la misma, y flexible para permitir realizar las adaptaciones necesarias de cara a las necesidades y ritmo de aprendizaje de cada estudiante, de modo que prevemos la atención a la diversidad en todo momento.

4.3.2. Estrategias metodológicas

Tal y como se ha explicado a lo largo del presente proyecto, el aspecto metodológico innovador que aplicaremos en el aula con nuestro alumnado es el uso de la gamificación como herramienta de aprendizaje. Por ello, es necesario llevarla a cabo mediante estrategias de aprendizaje que hagan que implementar este recurso tenga un sentido didáctico adecuado y tome la forma correcta con el fin de alcanzar los objetivos propuestos.

En este sentido, consideramos oportuno empezar definiendo qué es una estrategia de aprendizaje. Podemos encontrar un sinfín de definiciones sobre las mismas. Aquí haremos alusión a dos, que nos han parecido las más adecuadas para nuestra programación. Tal y como nos indica Monereo (2000), este las define como un conjunto de acciones que se realizan para obtener un objetivo de aprendizaje.

Por otro lado, también atendemos a la definición que nos aportan Álvarez *et al.* (2007), donde afirman que las estrategias de aprendizaje son guías intencionales de acción con las que se trata de poner en práctica las habilidades que establecen los objetivos del aprendizaje.

Teniendo en cuenta estas definiciones, y comprendiendo su significado, aplicaremos en el aula el Aprendizaje Basado en Proyectos a través del cual llevaremos a cabo la gamificación.

Aprendizaje Basado en Proyectos. Esta metodología podemos definirla, según la Dra. Lourdes Galeana, como «un modelo de aprendizaje en el que los estudiantes planean, implementan y evalúan proyectos que tienen aplicación en el mundo real más allá del aula de clase» (Galeana, 2006).

Sus características las podemos clasificar atendiendo a los siguientes aspectos (Quintero-Ruiz, 2020):

- Implica un recorrido por un tema que fomenta el análisis y el pensamiento crítico.
- Supone tratar el currículo a partir de temáticas relevantes.
- Incluye diversidad de conocimientos y potencia un acercamiento actualizado a los problemas de las disciplinas y saberes.
- Liderazgo compartido, donde predomina el trabajo cooperativo. El docente aprende con sus alumnos.
- Una forma de aprendizaje inclusiva, donde todos los alumnos tienen la oportunidad de aprender a su ritmo, encontrando el sitio.

- El aprendizaje está relacionado con realizar, con la actividad manual y la intuición. No hay proyecto sin ningún objetivo.
- Es necesario trabajar estrategias de búsqueda, estableciendo criterios de ordenación y de interpretación de las fuentes.
- Se parte de un tema previamente pactado y que sea interesante, atrayente y motivador para el alumnado.
- Se establecen relaciones con otros problemas.

Además, esta estrategia cuenta con una serie de ventajas a destacar, ya que es necesario tenerlo presente a la hora de aplicar nuestra metodología. Veamos algunas de estas ventajas (Quintero Ruiz):

- Se muestra el currículo de una forma más funcional, dando a este un mayor sentido y significado.
- El aprendizaje por proyectos comporta una mayor participación del alumnado en su propio proceso de enseñanza-aprendizaje.
- Supone una metodología basada en el *know-how*.
- Fomenta en el grupo de alumnos habilidades y competencias como la colaboración, el trabajo en equipo, la investigación, la planificación de proyectos, la toma de decisiones, etc.
- Incorpora fuentes de información y materiales distintos.
- Se logra responder más eficazmente a la diversidad del alumnado, integrando diversidad cultural y personal.
- Este enfoque impulsa y motiva al grupo a ser partícipes de su propio aprendizaje, ya que les permite elegir temas de su interés y relevantes en sus vidas.
- Potencia la autoestima de los alumnos, al hacerles conseguir algo con valor real para ellos fuera del aula, poniendo en práctica sus fortalezas y competencias como individuos en su día a día.
- El docente es un mero guía y facilitador, ayudándoles y apoyándoles en el proceso de aprendizaje, promoviendo su desarrollo y capacitación profesional.
- La familia y el entorno adquieren un papel esencial, colaborando en la búsqueda y aportación de información, involucrándose en el seguimiento del proyecto, preguntando, documentando, parti-

cipando en calidad de expertos en talleres y actividades, acompañando las salidas, etc.

4.3.3.Agrupamientos

Los grupos que llevaremos a cabo en el aula dependerán de las necesidades que requieran la actividad y/o la sesión a ejercer. Por eso, hemos decidido realizar diferentes agrupamientos en función de cada momento y con diferentes necesidades a cubrir. Veámoslo en más detalle en la siguiente tabla:

Modalidad de agrupamiento	Necesidades a cubrir
Trabajo individual	- Actividades de autorreflexión. - Tareas de control y evaluación.
Pequeño grupo o grupo de apoyo	- Trabajos concretos y específicos. - Ampliación del grupo para el alumnado con mayor ritmo de aprendizaje. - Reducción del grupo para el alumnado con mayor ritmo de aprendizaje.
Agrupamiento flexible	Se agrupará sobre la base de: - Nivel de conocimientos de cada alumno. - Ritmo de aprendizaje de los mismos. - Intereses y motivaciones de cada uno.
Talleres	Se formarán grupos en función de los intereses de los alumnos. En ocasiones estos estarán formados por alumnado con las mismas motivaciones y, en otros casos, con intereses diversos donde se dé lugar y genere el debate, de modo que compartan e intercambien conocimiento y opiniones.

Dado el valor esencial en cuanto a favorecer la consecución y la evolución de habilidades como la autonomía, la toma de decisiones responsable y el trabajo en equipo, resulta primordial que se generen y diseñen agrupamientos de trabajo heterogéneos para poder realizar trabajos cooperativos. Antes de empezar estos trabajos, es esencial que facilitemos al alumnado las herramientas que les permitan distribuir y organizar el trabajo de una forma más independiente y autónoma, además de consensuada. Por ejemplo, constituir roles sobre las habilidades y los intereses, concretar unos plazos, desarrollar propuestas y debatirlas después de una escucha activa haciendo uso de argumentos propios, tomar decisiones, acordar diferentes propuestas, elegir los recursos necesarios y convertir las propuestas con algo específico. Todo ello llevará a nuestros alumnos a auto reflexionar sobre su propio aprendizaje, potenciando habilidades como la comunicación, la escucha activa y, lo que es más importante: la enseñanza y el aprendizaje entre iguales.

Asimismo, para asegurarnos la eficacia de esta metodología cooperativa, como docentes debemos tener muy claro que la mayor parte del trabajo la llevaremos a cabo dentro del aula y estarán bajo supervisión.

4.4. Actividades

En este apartado pasamos a presentar algunas actividades a modo de ejemplo de nuestra propuesta. Organizaremos las actividades a lo largo de las unidades didácticas, que tendrán que ir descifrando y resolviendo un contenido diferente a cada una, hasta llegar a las recompensas por la finalización y superación de la «partida».

Se desarrollará dividiéndolo en cinco grupos formados por cinco personas cada grupo. Nombraremos a un capitán para cada equipo, el cual será el responsable de dirigir el dispositivo electrónico del que haremos uso para descifrar y abrir los candados en cada prueba/sesión. A modo introductorio a la propuesta, repartiremos a cada equipo una tarjeta «comodino», que podrá ser utilizada solo una vez en alguna de las sesiones. Servirá como pista y podrán hacer una pregunta a su elección al profesor o al resto de compañeros.

Antes de empezar la partida, explicaremos al alumnado el funcionamiento de los candados, que tendrán que abrir para superar el juego. Estos candados son virtuales, y consisten en formularios de Google donde añadiremos una contraseña que tendrán que obtener para poder abrir estos formularios. Una vez abiertos, tendrán que resolver los formularios y obtendrán una pista, que los dirigirá a la siguiente prueba.

Cabe reseñar que todas se rigen por la metodología estudiada y descrita a lo largo del presente trabajo, es decir, se trata de actividades gamificadas a través del Aprendizaje Basado en Proyectos, ya que, para poder aplicar la gamificación, necesitamos un proyecto desde del cual partir. A continuación, podemos ver, a modo de ejemplo, actividades desarrolladas:

Nº	ACTIVIDAD
1	La Economía en un crucigrama: el comercio internacional
Objetivos didácticos	
- Potenciar las capacidades del alumnado a través del trabajo en equipo. - Favorecer y desarrollar las habilidades o *skills*. - Aprender y adquirir los conceptos básicos relacionados con el comercio internacional.	
Desarrollo	
En esta primera prueba, cada equipo deberá resolver los mismos crucigramas interactivos. Se les dará una serie de definiciones que corresponden a los conceptos que deberán transcribir en el crucigrama. Una vez resuelto, tendrán que descubrir el código necesario para abrir el candado siguiente. ¿Cómo? Deberán averiguar que, al unir aquellas letras que se creen en el crucigrama (por ejemplo, en la horizontal 4), forman el código que deberán insertar en el formulario de la sesión siguiente y, así, empezar a resolver el siguiente enigma.	
Recursos	
- Ordenadores. - Plataformas virtuales. Para la elaboración de esta actividad se hace uso de un *generador de crucigramas en línea* y *Google formulario*. - El aula.	

Ver actividad en el anexo 1.

Nº	ACTIVIDAD
2	La influencia de los economistas

Objetivos didácticos

- Conocer a los principales economistas relacionados con el comercio internacional.
- Aprender las teorías de dichos economistas y su influencia en la economía actual.
- Colaborar en equipo.

Desarrollo

En esta prueba cada equipo deberá resolver una sopa de letras relacionada con la economía y el comercio internacional. Deberán encontrar los nombres de cinco economistas, descubrir de quién se trata y cada grupo hará mención a las principales características de sus teorías.

Posteriormente, tendrán que averiguar el código para pasar a la prueba siguiente. Este código de cinco dígitos está formado por la última cifra de la fecha de muerte de cada economista, después de haber ordenado las fechas cronológicamente.

Recursos

- Ordenadores.
- Plataformas virtuales. Para la elaboración de esta actividad se haga uso de la *sopa de letras online*.
- El aula.

Ver actividad en el anexo 2.

Nº	ACTIVIDAD
3	La Economía a través de fotografías

Objetivos didácticos

- Conocer las ciudades existentes en el blog de comercio internacional.
- Diferenciar entre las características económicas de distintos países.

Desarrollo

Para resolver este enigma, se proyectarán imágenes relacionadas con ciudades, puertos o sitios estratégicos comerciales. Los tendrán que identificar entre varias opciones (Kahoot). Además, se creará debate sobre la importancia de los sitios, sus características comerciales y noticias de actualidad.

El equipo más rápido al responder correctamente será el que obtenga más puntos. Al finalizar la prueba todos los grupos obtendrán la contraseña para acceder a la siguiente prueba en código César.

Recursos

- Ordenadores.
- Plataformas virtuales. Kahoot.
- El aula.

Ver actividad en el anexo 3.

Nº	ACTIVIDAD
4	Prueba final
Objetivos didácticos	
- Repasar los contenidos trabajados a lo largo de la propuesta. - Trabajar y colaborar en equipo.	
Desarrollo	
Para finalizar esta propuesta, el alumnado desbloqueará el acceso a esta prueba gracias a la contraseña descubierta en la prueba la anterior. Se trata del nombre de uno de los países o ciudades de la actividad anterior escrita en código César. Deberán investigar sobre este código y se darán pistas de cómo descifrarlo, ya que este les dará la respuesta sobre dónde se encuentra la última prueba. Una vez que lo descifran y encuentren este último enigma, descubrirán que es de una prueba evaluativa en grupo, que consta de cinco preguntas. El docente corregirá en el momento la solución que hayan aportado los estudiantes que formará parte de la evaluación.	
Recursos	
- Ordenadores. - Plataformas virtuales. Para la elaboración de esta actividad se ha hecho uso de *escape room* y *Google formulario*. - El aula.	

Ver actividad en el anexo 4.

Ver el formulario Google secuenciado para el desarrollo de todas las actividades en el Anexo 5.

4.5. Recursos

En cuanto a los recursos que utilizaremos para la gamificación es importante hacer una buena selección para favorecer el trabajo autónomo del alumnado y la enseñanza de los diferentes tipos de contenidos a impartir. Hoy en día, estos recursos son numerosos, a modo de ejemplo algunos de los materiales y recursos que utilizaremos para llevar a cabo nuestra labor son:

- Herramientas TIC disponibles en el aula: proyector, ordenadores y dispositivos electrónicos...
- El libro de texto.

- El uso de películas y vídeos.
- Prensa económica.
- Búsquedas a través de la red en bibliotecas y bases de datos especializadas, páginas de bancos centrales, organismos internacionales, universidades institutos, fundaciones y asociaciones, páginas de profesores de economía...
- Test, crucigramas y otras actividades educativas.
- Gráficos animados.
- Software de juegos y simulaciones.
- Plataformas virtuales donde se pueden utilizar vídeos, videoconferencias..., entre otras alternativas tecnológicas que pueden enriquecer cualquier lección de economía.

4.6. Atención a la diversidad

No debemos olvidar atender un aspecto fundamental como es la diversidad en el aula. Se entiende por atención a la diversidad el conjunto de actuaciones y medidas educativas que garantizan la mejor respuesta educativa a las necesidades y diferencias de todos y cada uno de los alumnos en un entorno inclusivo, ofreciendo oportunidades reales de aprendizaje en contextos educativos ordinarios.

- - **Medidas generales.** En nuestro caso, las medidas ordinarias que se aplicarán para nuestro grupo clase serán:
  - Orientación personal y escolar tanto a nivel grupal como individual.
  - El desarrollo de programas de educación en valores, hábitos sociales y autonomía personal, iniciativa emprendedora, etc.
  - El desarrollo de un Plan de Acción Tutorial con el objetivo de realizar un seguimiento grupal e individual de nuestro alumnado.
  - Organización óptima de todo el profesorado que intervenga con el mismo grupo de alumnos.

- **Medidas ordinarias.** En las medidas ordinarias se incluyen todos los cambios que cada centro considere oportuno realizar, como agrupamientos, modificar técnicas y estrategias para atender a la diversidad, pero sin modificar ningún aspecto del currículo. Las medidas que se llevarán a cabo en el centro y, concretamente, para el grupo de alumnos, pueden incluir las siguientes:
  - Horarios flexibles y espacios adaptables a las necesidades de nuestro grupo.
  - Utilización de distintas estrategias metodológicas.
  - Adecuación de las actividades y proyectos al nivel de competencia curricular.
  - Selección de distintos materiales y recursos, todos adaptados a las necesidades.
  - Empleo de técnicas y estrategias que se adapten a las necesidades de nuestro alumnado.
  - Dar más tiempo para el alumnado que lo necesite.
  - Facilitar el uso de ordenador.
  - Especial atención a la hora de los grupos con el alumnado con síndrome de Asperger e intentar averiguar algunos de sus intereses para adecuar algunas de las actividades y de esta forma obtener mejor su atención.
  - En cuanto al alumno con TDAH, la gamificación de algunas de las actividades que se llevan a cabo en clase, sin duda la favorecerá, ya que esta metodología nos permite dar información personalizada y concreta, incentivar la participación, utilizar recursos varios... Estrategias que ayudan a este tipo de alumnado en su proceso de enseñanza-aprendizaje.

4.7. Evaluación

La evaluación es otro de los puntos importantes de toda propuesta didáctica y de cualquier acción educativa planificada, por eso consideramos importante, ante todo, entender qué significado tiene exactamente del acto de evaluar. De todas las definiciones que han ido aportando diferentes autores para describir el significado de evaluación, una de las más completas es la Pérez Juste (1986) cuando se refiere a evaluar como:

> el acto de valorar una realidad, formando parte de un proceso cuyos momentos previos son los de fijación de las características de la realidad a valorar, y de recogida de información sobre estas, y cuyas etapas posteriores son la información y la toma de decisiones en función del juicio de valor emitido.

Teniendo en cuenta esta definición, podemos diferenciar diferentes tipos y momentos de evaluación durante un curso escolar:

- **Inicial (diagnóstica)**. La evaluación diagnóstica inicial se sitúa en el inicio del programa de intervención, y nos permite conocer la situación académica y personal de nuestro grupo de alumnos.
- **Continua (formativa)**. La evaluación procesal o formativa corresponde llevarla a cabo durante todo el proceso, recogiendo información sobre los avances o dificultades a las que se van enfrentando nuestros alumnos a lo largo del programa, para que, de este modo, se puedan prestar las ayudas pertinentes y la orientación precisa con el objetivo de alcanzar las competencias clave.
- **Final (sumativa)**. La evaluación final-sumativa, como indica su propio nombre, se realiza al final de que cada proceso de evaluación, permitiendo saber el grado de consecución y adquisición de las competencias clave y de los objetivos hasta ese momento.

4.7.1. Instrumentos de evaluación

Los instrumentos de evaluación y calificación serán diversos y variados, debiendo atender a los objetivos que se persiguen. Ante todo, es importante saber diferenciar entre un instrumento de evaluación y uno de calificación, ya que con el de evaluación será con el que recojamos la información necesaria para poder determinar el grado de adquisición de los conocimientos, y con el de calificación será con que los especifiquemos.

Por eso, desarrollaremos una lista con los instrumentos que consideramos más oportunos para aplicar a nuestro grupo de alumnos, concretando si se tratan de evaluación o de calificación:

- **Pruebas de evaluación inicial (evaluación)**: a través de diferentes actividades, orales y escritas, individuales y en grupo, se evaluarán los conocimientos y las capacidades con las que parten nuestros alumnos antes de empezar la asignatura.
- **Registros de observaciones (evaluación)**: cada observación reseñable se registrará para su posterior evaluación.
- **Cuaderno del alumno, trabajos escritos y grupales, ficha (evaluación)**: cualquier documento que hayamos realizado durante el curso y refleje el trabajo del alumno.
- **Pruebas escritas (evaluación)**: mediante exámenes durante el curso, podremos evaluar el grado de adquisición de los conocimientos de la asignatura.
- **Rúbrica (calificación)**: este es un instrumento de calificación cada vez más extendido a día de hoy en las aulas, ya que nos permite ver de un solo vistazo, a través de una mesa y en una escalera (del 1-10, 1-4, etc.) el grado de adquisición de los aspectos que estemos evaluando.
- **Cuestionarios de autoevaluación (evaluación)**.

4.7.2. Criterios de calificación

En cuanto a los criterios de calificación, dentro de las múltiples definiciones que nos ofrecen las diferentes instituciones y centros educativos, consideramos las más adecuada la que nos aporta el Colegio San Francisco de Asís de Málaga a su oferta educativa afirmando que estos

> son los instrumentos que se utilizan para obtener el resultado de la calificación del alumnado en una determinada evaluación. Estos criterios tienen un peso diferente dependiendo del área a evaluar o de las observaciones de los distintos conceptos que se tienen en cuenta para obtener esta calificación.

Atendiendo a esta definición de criterios de calificación, los aspectos que tendremos en cuenta para la nota final serán los siguientes:

- **Actitud:** supondrá un 10 % de la nota final, y lo evaluaremos a través de los registros de observaciones, aplicando el instrumento de calificación de la rúbrica con una escala del 1-4 para la actitud.
- **Pruebas escritas:** equivaldrá al 60 % de la nota final. Se irán realizando pruebas cortas a lo largo de todo el curso, al finalizar cada dos temas.

  A través de ellos se evaluará el grado de adquisición de los contenidos de la materia, mediante una escala de valores de 1-10. Se necesitará un mínimo de 5 puntos, para aprobar, y de 4 puntos, para promediar.
- **Cuaderno del alumno, trabajo por proyectos, juegos, fichas. . .** Todo esto supondrá el 30 % de la nota final, y se calificará a través de la rúbrica, resultados de los juegos y los indicadores de logro serán los objetivos de aprendizaje de la UD en cuestión. Se valorarán en una escala del 1-10, necesitando una media de 5 entre todos ellos para aprobar.

5

Conclusiones

Dijo una vez el famoso escritor científico Roger Lewin que «a menudo damos a los niños respuestas a recordar en lugar de problemas a resolver» y, en parte, tenía razón. Aunque esta propuesta de intervención haya ido dirigida a alumnado de bachillerato, considero esta frase fundamental para comprender lo que, con esta propuesta, se ha pretendido transmitir. Durante este trabajo, se ha querido dar respuesta a un aspecto tan esencial como el que Roger Lewin define en su frase: el descubrimiento. Vivimos en una sociedad con miedo al cambio que vive en un entorno de cambio constante ya que, como decía Mario Benedetti, «cuando sabíamos las respuestas nos cambiaron las preguntas».

Pero lo que no debemos perder de vista como docentes es que el alumnado de hoy en día, poco o nada tiene que ver con quienes estaban sentados en estas mismas sillas hace quince o veinte años, por eso nuestra obligación es adaptar a las nuevas circunstancias y necesidades de nuestros estudiantes. En este sentido, nos referimos al estudio y aprendizaje en la asignatura de Economía, desde la gamificación como estrategia metodológica. Es necesario que programemos con la suficiente flexibilidad para poder adaptar la enseñanza, en este caso, de una disciplina como la economía, al contexto actual.

En este contexto, se ha querido transmitir a lo largo de este estudio, mediante una propuesta de innovación educativa, este empeño por traspasar las metodologías rígidas y restrictivas, donde el profesor instruye y los alumnos recogen apuntes. Nos hemos visto en la necesidad de atender al estudio de corrientes se exponen la importancia de implementar una metodología como la gamificación a través del Aprendizaje Basado en Proyectos para favorecer el proceso de enseñanza-aprendizaje de la materia de economía, de modo que nuestro alumnado sea capaz, a través de nuestra propuesta, de afrontar el mundo financiero y laboral con las herramientas necesarias y mediante el pensamiento crítico, donde los alumnos se vean en la situación de resolver problemas o desarrollar proyectos propios, donde tengan que investigar, explorar, experimentar y sacar sus propias conclusiones. De esta forma, nos aseguramos en un gran porcentaje que nuestro grupo de alumnos adquirirán las competencias clave marcadas en el currículo, además de los objetivos fijados. Porque ya se está demostrando durante varios años que no existe aprendizaje más eficaz que aprender haciendo.

En definitiva, la base de nuestro estudio ha sido la revisión bibliográfica de teorías que apoyan el uso de metodologías activas, concretamente la gamificación, y el diseño de una propuesta de innovación educativa con algunos ejemplos de actividades de gamificación, con el fin de ofrecer un punto de partida para conseguir mejoras en la competencia digital que potencie el aprendizaje a través de las acciones, del descubrimiento y la exploración. Por otro lado, consideramos oportuno reseñar como punto final que, como docentes, no debemos tener miedo a hacer uso de las nuevas técnicas metodológicas, si consideramos que pueden ser buenas para el desarrollo de nuestros alumnos. Si al final no funcionan como esperábamos, por eso tenemos la evaluación, por lo que comprobamos qué ha ido bien y qué no.

La clave de cualquier éxito es arriesgar por lo que creemos, y no hay más éxito que un grupo de alumnos satisfechos y contentos con su aprendizaje, ya que la verdad es que los docentes sabemos cuándo hemos hecho un buen trabajo con los nuestros alumnos y cuándo no. Y nada más satisfactorio que ver cómo un grupo de jóvenes avanza gracias a lo que tú haces por ellos . . .

6

Limitaciones y propuestas de mejora

Sin embargo, y teniendo en cuenta que los estudios realizados han comportado una búsqueda y selección exhaustiva de información, en cuanto a la propuesta educativa, cabe destacar cierta limitación, ya que al tratarse de un diseño y no de una aplicación, hay detalles que pueden pasar desapercibidos, debido a que no es lo mismo hacer y aplicar de primera mano una acción educativa para, posteriormente, plasmar la experiencia en el papel, que diseñar esta acción sin saber si todas las propuestas se podrán realizar adecuadamente dependiendo de cada contexto en concreto. Sin embargo, este proyecto nos ha permitido avanzar en el conocimiento de las estrategias educativas innovadoras, una problemática que nos corresponde cada día con más fuerza, como es la renovación y la innovación educativa.

7

Referencias bibliográficas

Alajmi, Q., Al-Sharafi, M. A., & Abuali, A. (2020). Smart learning gateways for Omani HEIs towards educational technology: Benefits, challenges and solutions. *International Journal of Information Technology, 4*(1), 12-17. https://journals.sfu.ca/ijitls/index.php/ijitls/article/view/123

Aldowah, H., Al-Samarraie, H., & Fauzy, W. M. (2019). Educational data mining and learning analytics for 21st century higher education: A review and synthesis. *Telematics and Informatics, 37,* 13-49. https://doi.org/10.1016/j.tele.2019.01.007

Alejaldre-Biel, L., & García-Jiménez, A. M. (2015). Gamificar: el uso de los elementos del juego en la enseñanza de español. *Mahidol University International College y University of Sichuan International, College of International Education,* 11.

Allcoat, D., & von Mühlenen, A. (2018). Learning in virtual reality: Effects on performance, emotion and engagement. *Research in Learning Technology, 26.* https://doi.org/10.25304/rlt.v26.2140

Álvarez, L., González-Pineda, J. A., González-Castro, P., & Núñez, J. C. (2007). *Prácticas de psicología de la educación. Evaluación e intervención educativa.* Pirámide.

Aparicio, M., Oliveira, T., Bacao, F., & Painho, M. (2019). Gamification: A key determinant of massive open online course (MOOC) success. *Information & Management, 56*(1), 39-54. https://doi.org/10.1016/j.im.2018.06.003

Arici, F., Yildirim, P., Caliklar, ., & Yilmaz, R. M. (2019). Research trends in the use of augmented reality in science education: Content and bibliometric mapping analysis. *Computers & Education, 142,* 103647. https://doi.org/10.1016/j.compedu.2019.103647

Baquía (2013, 11 de abril). *La gamificación en la enseñanza: Pros y contras*. Baquía. Hablando de tecnología desde 1999. https://www.baquia.com/emprendedores/2013-04-10-la-gamificacion-en-la-ensenanza-pros-y-contras

Bernabeu, N., & Goldstein, A. (2016). *Creatividad y aprendizaje: El juego como herramienta pedagógica*. Narcea Ediciones.

Burgos, C., Campanario, M. L., de la Peña, D., Lara, J. A., Lizcano, D., & Martínez, M. A. (2018). Data mining for modeling students' performance: A tutoring action plan to prevent academic dropout. *Computers & Electrical Engineering, 66*, 541-556. https://doi.org/10.1016/j.compeleceng.2017.03.005

Cheng, B., Wang, M., Mørch, A. I., Chen, N.-S., Spector, J. M. *et al.* (2014). Research on e-learning in the workplace 2000-2012: A bibliometric analysis of the literature. *Educational Research Review, 11*, 56-72. https://doi.org/10.1016/j.edurev.2014.01.001

Coleman, E., & O'Connor, E. (2019). The role of WhatsApp® in medical education; a scoping review and instructional design model. *BMC medical education, 19*(1), 1-13. https://doi.org/10.1186/s12909-019-1706-8

Decreto 35/2015, de 15 de mayo, por el que se establece el currículo de Bachillerato en las Islas Baleares, Pub. L. No. 73, 420 (2015).

Deterding, S., Dixon, D., Khaled, R., & Nacke, L. (2011). From game design elements to gamefulness: Defining gamification. En *Proceedings of the 15th international academic MindTrek conference: Envisioning future media environments* (pp. 9-15). Tampere, Finland: ACM.

Dhawan, S. (2020). Online learning: A panacea in the time of COVID-19 crisis. *Journal of Educational Technology Systems, 49*(1), 5-22. https://doi.org/10.1177/0047239520934018

Educación 3.0. (2021). *Principales aplicaciones de la tecnología blockchain en Educación*. educaciontrespuntocero.com. https://www.educaciontrespuntocero.com/noticias/aplicaciones-tecnologia-blockchain-en-educacion/

Fidalgo-Blanco, Á., Sein-Echaluce, M. L., & García-Peñalvo, F. J. (2017). Inteligencia Colectiva en el aula. Un paradigma cooperativo. *Servicio de Publicaciones Universidad de Zaragoza*.

Galeana, L. (2006). *Aprendizaje Basado en Proyectos*. Revista Ceupromed.

García-Peñalvo, F., & Seoane, A. M. (2015). Una revisión actualizada del concepto de eLearning. Décimo Aniversario. *Educación en la Knowledge Society.*

García, R., N., & Álvarez, A, B. (2007). La motivación del alumno a través de la satisfacción con la asignatura: Efecto sobre el rendimiento. *ESE: Estudios sobre educación, 13,* 89-112.

Gaviria, S., J. L., Tourón, F. J., & González, T., M. C. (1994). La orientación motivacional intrínseco-extrínseca en el aula. *Bordón: Revista de pedagogía, 46* (1), 35-51.

Gee, J. P. (2004). What video games have to teach us about learning and literacy. Education + Training, 46(4), 175-178.

Gesa, F. R. (2012). Combinando la realidad aumentada con las plataformas de e-elearning adaptativas. *Revista Venezolana de Información, tecnología y conocimiento.*

Grant, M. M. (2019). Difficulties in defining mobile learning: Analysis, design characteristics, and implications. *Educational Technology Research and Development, 67*(2), 361-388. https://doi.org/10.1007/s11423-018-09641-4

Hamidi, H., & Chavoshi, A. (2018). Analysis of the essential factors for the adoption of mobile learning in higher education: A case study of students of the University of Technology. *Telematics and Informatics, 35*(4), 1053-1070. https://doi.org/10.1016/j.tele.2017.09.016

Hassan, M. A., Habiba, U., Majeed, F., & Shoaib, M. (2021). Adaptive gamification in e-learning based on students' learning styles. *Interactive Learning Environments, 29*(4), 545-565. https://doi.org/10.1080/10494820.2019.1588745

Hinojo, FJ, Aznar, I., Romero, J. M., & Martín, J. A. (2019). *Influencia del aula invertida en el rendimiento académico.*

Hoq, M. Z. (2020). E-Learning during the period of pandemic (COVID-19) in the kingdom of Saudi Arabia: An empirical study. *American Journal of Educational Research, 8*(7), 457-464. http://pubs.sciepub.com/education/8/7/2/index.html

Huynh, V. D. B., Nguyen, P. T., Nguyen, Q., & Vu, N. B. (2020). E-learning evolution and development from the perspectives of technology, education, and economy. *Research in World Economy, 11*(1), 11-19. https://doi.org/10.5430/rwe.v11n1p11

Kim, S., Song, K., Lockee, B., & Burton, J. (2018). What is gamification in learning and education? In *Gamification in learning and education* (pp. 25-38). Springer, Cham.

Kyewski, E., & Krämer, N. C. (2018). To gamify or not to gamify? An experimental field study of the influence of badges on motivation, activity, and performance in an online learning course. *Computers & Education, 118*, 25-37. https://doi.org/10.1016/j.compedu.2017.11.006

Lam, T. Y., & Dongol, B. (2022). A blockchain-enabled e-learning platform. *Interactive learning environments, 30*(7), 1229-1251. https://doi.org/10.1080/10494820.2020.1716022

Ley Orgánica 3/2020, de 29 de diciembre, por la que se modifica la Ley Orgánica 2/2006, de 3 de mayo, de Educación., Pub. L. No. 340, 86 (2020).

Leyva, A., & Farfán, PC (2016). La innovación educativa en el ámbito de la responsabilidad social universitaria. *Revista Cubana de Educación Superior,* 18.

LOMLOE, nº 3 de 2020, BOE nº 314, de 17 de diciembre de 2020.

Maquilón, S., J. J., & Hernández P. F. (2011). Influencia de la motivación en el rendimiento académico de los estudiantes de formación profesional. *Revista electrónica interuniversitaria de formación del profesorado, 14* (1), 81-100.

Marín, I., & Hierro, E. (2013). *El poder del juego en la gestión empresarial y la conexión con los clientes.* Urano.

Marne, B., Wisdom, J., Huynh-Kim-Bang, B., & Labat, J. M. (2012). Seis facets de serious game design: Methodology enhanced by our design pattern library. *European conference on technology enhanced learning.*

Martí, J., Queiro, C., Méndez, E., & Giménez, E. (2013). Educar para transformar: Aprendizaje experiencial. *XII Jornadas Internacionales de Innovación Universitaria.*

Martínez-Garcia, A. (2022). *Programación docente.* |Programación docente del Máster Universitario en Formación del profesorado. Especialidad de economía.| Universidad de las Islas Baleares. Repositorio Universidad de las Islas Baleares.

Martinez-Garcia, A., Horrach-Rosselló, P., & Mulet-Forteza, C. (2023). Evolution and current state of research into E-learning. *Heliyon, 9*(10).

Martinez-Garcia, A., Horrach-Rosselló, P., & Mulet-Forteza, C. (2023). Evolution and current state of research into E-learning. *Heliyon*, *9*(10). https://doi.org/10.1016/j.heliyon.2023.e21016

Melo Herrera, M. P., & Hernández Barbosa, R. (2014). El juego y sus posibilidades en la enseñanza de las ciencias naturales. Innovación educativa. *Innovación educativa*.

Monereo, C. (2000). *El asesoramiento en el ámbito de las estrategias de aprendizaje.* Visor.

Moorthy, K., Yee, T. T., Ting, L. C., & Kumaran, V. V. (2019). Habit and hedonic motivation are the strongest influences in mobile learning behaviours among higher education students in Malaysia. *Australasian Journal of Educational Technology*, *35*(4). https://doi.org/10.14742/ajet.4432

Moreno-Marcos, P. M., Alario-Hoyos, C., Muñoz-Merino, P. J., & Kloos, C. D. (2018a). Prediction in MOOCs: A review and future research directions. *IEEE transactions on Learning Technologies*, *12*(3), 384-401. https://doi.org/10.1109/tlt.2018.2856808

Onan, A. (2021). Sentiment analysis on massive open online course evaluations: a text mining and deep learning approach. *Computer Applications in Engineering Education*, *29*(3), 572-589. https://doi.org/10.1002/cae.22253

Orden ECD/65/2015, de 21 de enero, por la que se describen las relaciones entre las competencias, los contenidos y los criterios de evaluación de la educación primaria, la educación secundaria obligatoria y el bachillerato, 18 (2015).

Ortiz-Colón, AM, Jordán, J., & Agredal, M. (2018). Gamificación en educación: Una panorámica sobre el estado de la cuestión. *Educación y Pesquisa*.

Puig, J. M., Gijón, M., Martín, X., & Rubio, L. (2011). Aprendizaje-servicio y Educación para la Ciudadanía. *Revista de Educación*.

Quintero-Ruiz, L. D. (2020). *Metodología. Perfeccionamiento del profesorado.* Gobierno de Canarias. Consejería de Educación, Universidades y Sostenibilidad.

Real Decreto 1105/2014, de 26 de diciembre, por el que se establece el currículo básico de la Educación Secundaria Obligatoria y del Bachillerato (2014).

Reeves, B., & Read, J. L. (2009). *Total engagement: How games and virtual worlds change the way people work and businesses compete.* Boston, MA: Harvard Business Press.

Ruiz-Román, C. (2009). La Educación en la sociedad postmoderna: Desafíos y oportunidades. *Revista Complutense de Educación,* 173-188.

Saleem, A. N., Noori, N. M., & Ozdamli, F. (2021). Gamification applications in E-learning: A literature review. *Technology, Knowledge and Learning,* 1-21. https://eric.ed.gov/?id=EJ1327179

Satrio, Y. D., Handayani, S., Abbas, M. H. I., & Kustiandi, J. (2020). Studi komparasi metode pembelajaran dalam meningkatkan literasi keuangan di masa pandemi COVID-19. Journal Pendidikan Ekonomi Undiksha, 12(1), 29.

Sclater, N., Peasgood, A., & Mullan, J. (2016). *Learning Analytics in Higher Education.* http://www.jisc.ac.uk/reports/learning-analytics-in-higher-education

Thomas, G., Martin, D., & Pleasants, K. (2011). Using self-and peer-assessment to enhance students' future-learning in higher education. *Journal of University Teaching & Learning Practice, 8*(1), 52-69. https://doi.org/10.53761/1.8.1.5

Torres Alfosea, F. J. (2019). *Investigación e innovación en la Enseñanza Superior. Nuevos contextos, nuevas idea.* Octaedro.

Ünver, M., Ergüzen, A., & Erdal, E. (2022). Design of a DFS to Manage Big Data in Distance Education Environments. *J. Univers. Comput. Sci., 28*(2), 202-224. https://doi.org/10.3897/jucs.69069

Vela, A. (2017, octubre 19). *GAMIFICACIÓN: COMO INICIARSE.* ticsyformacion.com. https://ticsyformacion.com/2017/10/19/gamificacion-iniciarse-infografia-infographic/

Vergara, D., & Mezquita, J. M. (2016). Diseño de juegos serios para reforzar conocimientos: una experiencia educativa en secundaria. *Revista de Currículum y Formación de Profesorado, 20* (2), 238-255.

Werbach, K., & Hunter, D. (2012). *For the win: How game thinking can revolutionize your business.* Philadelphia, PA: *Wharton Digital Press.*

Zichermann, G., & Linder, J. (2013). *The gamification revolution: How leaders leverage game mechanics to crush the competition.* New York, NY: McGraw Hill.

8

Anexos

Anexo 1:

Enlace solucionado: https://www.educima.com/crosswords/ el_comerc_internacional-1044722

El comerç internacional
Aitor Martínez Garcia - Activitat 1

Horizontales

1. És un impost sobre les importacions i el tipus més freqüent de restricció al comerç.

6. Nom del procés al comerç que consisteix en la venda de béns i serveis que les persones, empreses o governs executen a l'estranger

7. Defensa que cal posar obstacles a l'entrada de productes estrangers

Verticales

1. Un dels sistemes de tipus de canvi.

2. Mercat on es compren i es venen monedes dels diferents països.

3. Nom del procés en el comerç als béns i serveis que comprin els residents d'un país o el govern a les persones i empreses de l'estranger.

5. S'expressa al nombre d'unitats monetàries de la moneda nacional per unitats de moneda estrangera. És determinat al mercat de divises per la demanda i l'oferta de cada moneda.

Fuente: Elaboración propia a través de la web educima.

El comerç internacional
Aitor Martínez Garcia - Activitat 1

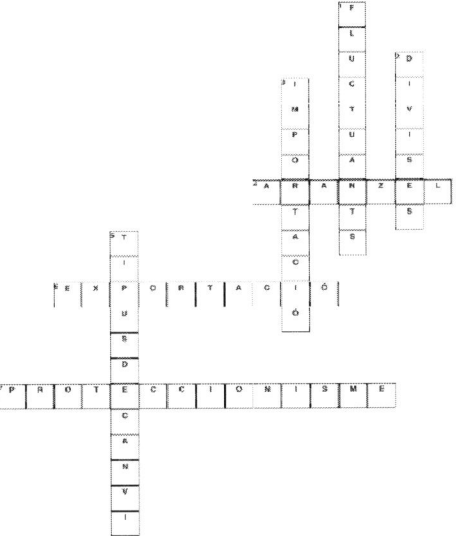

Horizontales

4. És un impost sobre les importacions i el tipus més freqüent de restricció al comerç.

6. Nom del procés al comerç que consisteix en la venda de béns i serveis que les persones, empreses o governs executen a l'estranger

7. Defensa que cal posar obstacles a l'entrada de productes estrangers

Verticales

1. Un dels sistemes de tipus de canvi.

2. Mercat on es compren i es venen monedes dels diferents països.

3. Nom del procés en el comerç als béns i serveis que comprin els residents d'un país o el govern a les persones i empreses de l'estranger.

5. S'expressa al nombre d'unitats monetàries de la moneda nacional per unitats de moneda estrangera. És determinat al mercat de divises per la demanda i l'oferta de cada moneda.

Fuente: Elaboración propia a través de la web educima.

73

Anexo 2:

Link: https://buscapalabras.com.ar/sopa-de-letras-de-els-economis-tes-activitat-2.html

S	A	S	Z	D	A	S	Y	R	O	E
M	I	M	Q	T	B	N	C	X	E	S
I	S	E	D	F	K	Y	E	R	A	S
T	I	M	T	E	H	I	S	K	I	R
H	P	M	Y	S	I	E	I	C	N	O
E	M	N	E	E	E	R	E	K	S	M
E	E	Y	U	M	A	O	F	M	A	N
S	A	F	M	Ñ	K	E	H	I	I	M
O	M	Y	C	A	A	M	M	E	E	A
Q	Y	H	A	Y	E	K	A	C	R	T
A	E	R	E	I	E	C	E	H	Y	E

Fuente: Elaboración propia a través de la web buscapalabras.

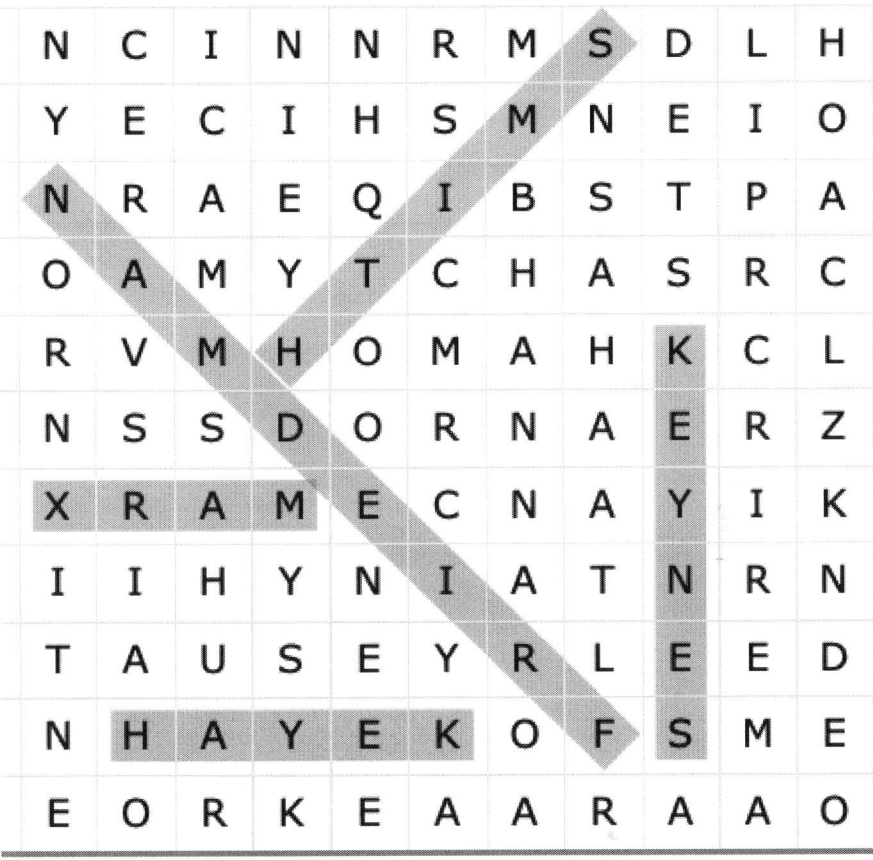

N	C	I	N	N	R	M	S	D	L	H
Y	E	C	I	H	S	M	N	E	I	O
N	R	A	E	Q	I	B	S	T	P	A
O	A	M	Y	T	C	H	A	S	R	C
R	V	M	H	O	M	A	H	K	C	L
N	S	S	D	O	R	N	A	E	R	Z
X	R	A	M	E	C	N	A	Y	I	K
I	I	H	Y	N	I	A	T	N	R	N
T	A	U	S	E	Y	R	L	E	E	D
N	H	A	Y	E	K	O	F	S	M	E
E	O	R	K	E	A	A	R	A	A	O

Fuente: Elaboración propia a través de la web buscapalabras.

Anexo 3:

Fuente: elaboración propia a través de Kahoot.

Fuente: Elaboración propia a través de Kahoot.

Fuente: Elaboración propia a través de Kahoot.

Fuente: Elaboración propia a través de Kahoot.

Anexo 4:

Código César:

Herramienta cifrado césar online con abecedario español

Mensaje a cifrar:

```
LONDRES
```

Clave: 3 ∨

[Codificar]

Mensaje cifrado:

```
ÑRPGUHV
```

Fuente: Elaboración propia a través de Escaperoom.

Anexo 5:

Activitat 1 - Mots encreuats

*Obligatorio

1. Correo *

    _____

2. Contrassenya *   2 puntos

    Selecciona todos los que correspondan

    ☐ RNE
    ☐ AJC
    ☐ ENJ

    https://buscapalabras.com.ar/pdf/sopa-de-letras-de-els-economistes_1.pdf

    Contrassenya numérica

3. *   2 puntos

    Marca solo un óvalo.

    ◯ 03626   *Salta a la sección 4 (Activitat 3 - Kahoot)*
    ◯ 66230
    ◯ 23660
    ◯ 06263

    Activitat 3 - Kahoot | El còdi d'accés es projectarà a la pissarra.

    Contrassenya amb còdi Cèsar

Fuente: Elaboración propia a través de Google formularios.

79

4. De quina ciutat es tracta? * 2 puntos

Marca solo un óvalo.

◯ Palma

◯ Madrid

◯ Buenos Aires

◯ Londres

◯ Nova York

Prova avaluativa

5. 1. Imagina que de repente el tipo de cambio $/€ pasa de 1,22 a 1,05. * 2 puntos
Indica si las siguientes personas saldrían beneficiadas por perjudicada
por dicha variación.

Marca solo un óvalo.

◯ Ibai Llanos, que vive en España, pero recibe sus pagos de Youtube y Twitch en
dólares (por lo tanto, tiene que cambiar esos dólares en euros).

◯ Sofía, vive en Sevilla, y el mes que viene irá a estudiar a Estados Unidos y necesita
obtener dólares para vivir allí (tendrá que ofrecer euros).

◯ Borja, que tiene una empresa que produce en Madrid, pero vende muchos
productos en Estados Unidos.- Víctor, que tiene un bitcoin en dólares, y si lo vende
automáticamente se lo cambiarían a euros.

◯ Lucía, que tiene una empresa en Albacete, pero necesita comprar materias primas
de Estados Unidos.

◯ Travis Scott, que vive en Estados Unidos, pero quiere invertir en una discográfica
en Barcelona.

Fuente: Elaboración propia a través de Google formularios.

6. 2. Indica qué medida proteccionista se trata en cada caso (aranceles, contingentes, barreras no arancelarias o subvenciones a la exportación). Escriba la respuesta debajo de cada pregunta.   * 8 puntos

Marca solo un óvalo por fila.

	Aranceles	Contingentes	Barreras no arancelarias	Subvenciones a la exportación
La Unión Europea limita la cantidad de prodcutos que pueden entrar desde China.	◯	◯	◯	◯
Estados Unidos fija un impuesto al aceite que entra de España.	◯	◯	◯	◯
La Unión Europea impone restricciones de calidad e higiene a productos que vienen de otros países.	◯	◯	◯	◯
El Reino Unido da ayudas a empresas para que puedan vender en otros países.	◯	◯	◯	◯

Sin título

7. 3.¿Cuáles son los productos importados en España? *   2 puntos

_____

_____

_____

_____

Fuente: Elaboración propia a través de Google formularios.

8. 4.¿Cuáles son los productos que exporta España? *   2 puntos

_____

_____

_____

_____

_____

9. *   2 puntos

5.Una economía presenta los siguientes datos:
-Exportaciones de mercancías (bienes): 20.000€
-Importaciones de mercancías (bienes): 16.000€
-Balanza de servicios: 10.000€
-Balanza de cuenta capital: 2.000€
-Balanza de rentas primarias: -6.000€
-Balanza de rentas secundarias: -4.000€
Calcule:
a) saldo de la balanza de bienes.
b) el saldo de la balanza de cuenta corriente.
c) capacidad o necesidad de financiación.

_____

_____

_____

_____

_____

Este contenido no ha sido creado ni aprobado por Google.

Google Formularios

Fuente: Elaboración propia a través de Google formularios.

Sobre el autor

Aitor Martinez-Garcia

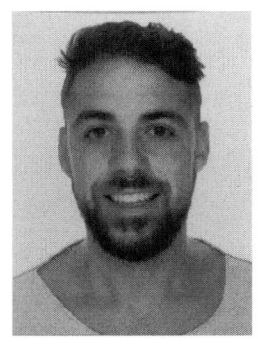 Aitor Martínez Garcia es funcionario de carrera en el cuerpo de profesores del gobierno de las Islas Baleares y doctor por la Universidad de las Islas Baleares, donde imparte clases de contabilidad financiera y contabilidad de gestión en estudios de turismo, administración de empresas y economía. Es postgraduado en Contabilidad y Auditoría, profesorado especialidad de Economía, Tecnología Educativa: e-Learning y Gestión del conocimiento. Ha sido ganador de contratos por concurrencia competitiva en el programa FPU del Ministerio de Ciencia e Innovación. Ha impartido conferencias en varios congresos internacionales y publicado artículos sobre bibliometría y turismo.